| 新型工业化丛书 |

算力经济

生产力重塑和产业竞争决胜局

温晓君　张金颖　徐子凡　等　著

电子工业出版社
Publishing House of Electronics Industry
北京·BEIJING

内 容 简 介

算力正成为当今世界最为关键的生产力之一，算力经济作为算力生产力驱动的经济模式被各国所重视。本书深入探讨了算力经济与生产力之间的关系，以及算力经济在数字经济时代的地位和作用。全书共八篇，内容涵盖算力与生产力关联性的历史与理论分析、算力经济的内涵及其与数字经济的关系、算力经济的四个核心组成部分（算力基础设施、计算产业、应用赋能、算力经济治理）的详细分析，以及对算力经济的未来展望。

未经许可，不得以任何方式复制或抄袭本书之部分或全部内容。
版权所有，侵权必究。

图书在版编目（CIP）数据

算力经济：生产力重塑和产业竞争决胜局 / 温晓君等著. -- 北京：电子工业出版社, 2024. 11. -- （新型工业化丛书）. -- ISBN 978-7-121-48600-5

Ⅰ. F4

中国国家版本馆CIP数据核字第2024CU3879号

责任编辑：秦　聪
印　　刷：三河市良远印务有限公司
装　　订：三河市良远印务有限公司
出版发行：电子工业出版社
　　　　　北京市海淀区万寿路173信箱　　邮编：100036
开　　本：720×1000　1/16　印张：14.25　字数：228千字
版　　次：2024年11月第1版
印　　次：2025年4月第3次印刷
定　　价：79.00元

凡所购买电子工业出版社图书有缺损问题，请向购买书店调换。若书店售缺，请与本社发行部联系，联系及邮购电话：(010) 88254888，88258888。

质量投诉请发邮件至zlts@phei.com.cn，盗版侵权举报请发邮件至dbqq@phei.com.cn。

本书咨询联系方式：(010) 88254568，qincong@phei.com.cn。

新型工业化丛书

编 委 会

主　编：张　立

副主编：刘文强　许百涛　胡国栋　乔　标　张小燕
　　　　朱　敏　秦海林　李宏伟

编　委：王　乐　杨柯巍　关　兵　何　颖　温晓君
　　　　潘　文　吴志刚　曹茜芮　郭　雯　梁一新
　　　　代晓霞　张金颖　贾子君　闫晓丽　高嬰劢
　　　　王高翔　郭士伊　鲁金萍　陈　娟　于　娟
　　　　韩　力　王舒磊　徐子凡　张玉燕　张　朝
　　　　黎文娟　李　陈　马泽洋

序言
Foreword

工业化推动了人类社会的巨大进步，也深刻改变着中国。新时代新征程，以中国式现代化全面推进强国建设、民族复兴伟业，实现新型工业化是关键任务。党的十八大以来，习近平总书记就推进新型工业化的一系列重大理论和实践问题作出重要论述，提出一系列新思想新观点新论断，极大丰富和发展了我们党对工业化的规律性认识，为推进新型工业化提供了根本遵循和行动指南。2023年9月22日，党中央召开全国新型工业化推进大会，吹响了加快推进新型工业化的号角。

实现工业化是世界各国人民的期盼和梦想。18世纪中后期，英国率先爆发工业革命，从而一跃成为世界强国。19世纪末，德国、美国抓住第二次工业革命的机遇，也先后实现了工业化。世界近现代史反复证明，工业化是走向现代化的必经之路。习近平总书记强调，工业化是一个国家经济发展的必由之路，中国梦具体到工业战线就是加快推进新型工业化。新中国成立以来，我国大力推进工业化建设，积极探索新型工业化道路，用几十年时间走完西方发达国家几百年走过的工业化历程，取得了举世瞩目的伟大成就，为中华民族实现从站起来、富起来到强起来的历史性飞跃提供了坚实的物质技术基础。

2023年4月，工业和信息化部党组决定依托赛迪研究院组建新型工业化研究中心，旨在学习研究和宣传阐释习近平总书记关于新型工业化的重要论述，深入开展新型工业化重大理论和实践问题研究。一年多来，形成了一批重要研究成果，本套丛书便是其中的一部分。

数字化、绿色化是引领时代变革的两大潮流，实现新型工业化必须加快推进数字化、绿色化转型。《数字化转型赋能新型工业化：理论逻辑与策略路径》一书认为，数字化转型正在深刻重塑人类社会，要充分发挥数字化对新型工业化的驱动作用，加快制造业发展方式的根本性变革。《数据基础制度：夯实数据要素市场根基》认为,数据基础制度建设事关国家发展和安全大局,要加快完善我国数据基础制度体系。《算力经济:生产力重塑和产业竞争决胜局》提出,通过算力技术的创新和应用,能够发展新质生产力,推动传统产业的数字化转型和智能化升级,培育壮大新兴产业,布局建设未来产业。《融合之力:推动建立"科技—产业—金融"良性循环体系研究》一书,总结了美、德、日等国推动科技、产业、金融融合互促的主要做法,并提出了符合中国国情和发展阶段的总体思路与具体路径。《"双碳"目标下产业结构转型升级》从重点行业、空间布局、贸易结构、风险防范、竞争优势等方面论述了产业结构转型升级问题,并从体制机制、要素保障、政策体系等层面提出对策建议。

推进新型工业化,既要立足国情,体现中国特色和中国场景,也要树立全球视野,遵循世界工业化的一般规律。《产业链生态:机理、模式与路径》一书认为,当前全球经济竞争已经进入到产业链竞争的时代,该书构建了产业链生态的"技术层-生产层-服务层-消费层-调节层"五圈层结构理论,提出了构建产业链生态的筑巢引凤、龙头带动、群星荟萃、点线面递进、多链融合、区域协同六种典型模式。《制造业品质革命:发生机理、国际经验与推进路径》认为,世界制造强国在崛起过程中都会经历"品质"跃升阶段,纵观德国、日本、美国的工业化历程莫非如此,我国也要加快推进制造业品质革命。《瞰视变迁:三维视角下的全球新一轮产业转移》指出,产业转移是不可避免的全球经济规律,对促进全球工业化、科技创新等有积极意义,应系统全面评估产业转移对新型工业化的综合影响,积极谋划并提前布局,增强在全球产业链供应链空间布局中的主动性。《跨越发展:全球新工业革命浪潮下中国制造业发展之路》通过国际和国内比较,对中国制造业实现跨越式发展进行了多维度分析,并提出了可行性建议。从知识层面来说,材料丰富、数据扎实与广泛性构成了此书的显著特色。《面向2035的机器人产业发展战略研究》一书为实现机器人强国战略目标,提出拥有核心关键技术、做强重点领域、提升产业规则国际话语权三大战略举措。

总的来看,本套丛书有三个突出特点。第一,选题具有系统性、全面性、针对性。客观而言，策划出版丛书工作量很大。可贵的是，这套丛书紧紧围绕新型工业化而展开，为我们解决新型工业化问题提供了有益的分析和思路建议，可以作为工业战线的参考书，也有助于世界理解中国工业化的叙事逻辑。第二，研究严谨，文字平实。丛书的行文用语朴实简洁，没有用华丽的辞藻，避免了抽象术语的表达，切实做到了理论创新与内容创新。第三，视野宏大，格局开阔。"它山之石，可以攻玉"，丛书虽然聚焦研究中国的新型工业化，处处立足中国国情，但又不局限于国内，具有较高的研究价值与现实意义。

本套丛书着眼解决新时代新型工业化建设的实际问题，较好地践行了习近平总书记"把论文写在祖国大地上"的重要指示精神。推进新型工业化、加快建设制造强国，不仅关乎现代化强国建设，也关乎中华民族的未来。相信读者在阅读本丛书之后，能更好地了解当前我国新型工业化面临的新形势，也更能理解加速推进新型工业化建设的必要性、紧迫性与重要性。希望更多的力量加入到新型工业化建设事业中，这是一项事关支撑中华民族伟大复兴的宏伟工程。

是为序。

苏波

2024 年冬

前言
Introduction

百年变局，算力决定未来。

算力是当今世界决胜全球竞争的关键变量，是面对重大挑战时的必然选择，是生产方式深刻变革的关键驱动力，也是赢得未来经济主动权的战略布局。算力，即计算能力，是数字化时代的核心基础设施，也是数字经济的核心生产力和驱动力。在大数据、人工智能、物联网等先进技术迅猛发展的推动下，算力如同农业时代的土地、工业时代的石油，正成为当今世界最为关键的生产力之一，更高效的数据处理、更准确的预测分析、更快速的应用响应无不需要强大的算力保障。算力经济，作为算力生产力驱动的经济模式，其崛起不仅意味着技术的飞速发展，更代表着未来社会经济格局、运作方式、转型模式或将发生翻天覆地的变化。因此，对算力及算力经济的深刻认识和把握，不仅是市场主体乃至国家数字化转型的紧迫任务，对于新发展格局下理解世界、塑造未来也具有决定性意义。

当前，随着生成式人工智能的爆发式增长，人工智能迈出走向通用人工智能的关键一步。在技术变革与需求升级下，具备模式识别、自然语言处理、图像识别、语音处理等大规模数据并行处理和复杂计算能力的人工智能算力，正逐步成为未来算力建设的重心。与此同时，以美国为首的西方国家持续动用政策工具箱，使我国人工智能计算芯片、高端算力供给能力建设受到制约。然而，算力发展之路并无捷径、鲜有弯道，即使起步落后，纵使未来步步受限、处处设伏，也唯有一步一履、艰苦奋斗、厚积薄发，才能逐步打造起安全可靠的国家算力产业生态。疾风劲雨，更要勇毅前行。

纵观全球，主要国家发展算力经济已成为普遍共识，但各国在发展阶段、重心上存在明显的区别。美国侧重于巩固前沿计算技术领先地位，强化高质量算力储备部署，推动关键应用场景需求下算法模型和数据机制的迭代演进。德国围绕工业4.0战略，依托当地制造业基础推动先进算力应用发展，多元投入全技术领域。英国依托科教优势，重点布局人工智能基础理论研究和应用场景开发中的量子计算，着力提升对人工智能领域的监管和治理能力。马来西亚、印度、俄罗斯等发展中经济体则通过打造区域数据中心枢纽，推动算力溢出，赋能区域经济发展。当前，我国算力经济仍处于产业跟进和并行发展的初级阶段，在强化产业基础的同时，也应考虑算力的公共服务属性，在监管和治理方面作出表率，为全球算力经济治理贡献中国智慧和力量，展现大国担当。

本书共八篇：**第一篇**对算力和生产力之间的关联性和必然性做了详细阐述，梳理了生产力发展的历史沿革，阐释了算力、算据、算法三要素与经济之间协同共生、螺旋式上升的紧密联系。**第二篇**从经济角度对算力经济的内涵及其对数字经济的继承和提升展开，剖析了二者之间的三大关联和三大区别。**第三篇到第六篇**将算力经济分为四个组成部分，**算力基础设施篇**着重分析其发展现状和未来演进趋势，分析算网融合和智能算力布局发展新亮点，梳理了相关国家政策和"东数西算"工程相关情况；**计算产业篇**从通用计算、人工智能计算、超级计算、专用计算、前沿计算产品及服务的细分领域出发，对产业现状和竞争格局进行了分析研究，梳理了计算技术路线演进方向和产业生态关键构成；**算力应用与行业赋能机制篇**对行业赋能价值最直接、场景结合最紧密的工业、城市、能源领域的赋能机制和应用场景进行了逐一分析和展望；**算力经济治理初探篇**根据我国在"一带一路"科技交流大会上发布的《国际科技合作倡议》，分析了人工智能治理和算力出海面临的机遇和挑战，并提出了相应的建议举措。**第七篇**围绕计算驱动力这一紧密贴合新质生产力特征的典型代表构建了算力经济指数，采用技术经济投入产出效率结合熵权、网络层次分析，评估算力发展质效和其为经济社会贡献的价值增量。这是全球首个算力经济指数框架，采用质效竞争力这一概念对算力经济发展情况展开全面分析，是我国质效竞争力发展的晴雨表。**第八篇**从技术、公共服务、竞争规则、可持续发展四个方面对算力经济未来发展趋势和方向展开系列畅想。

本书难免存在疏漏之处，诚挚期待业界同仁不吝斧正。

目录
Contents

第一篇
算力：数字经济时代的核心生产力

第一章

生产力的历史沿革 / 002

第一节　动力驱动阶段 / 003

第二节　算力驱动阶段 / 015

第二章

算力、算据、算法三要素螺旋式上升，推动经济社会高速发展 / 043

第一节　算力：服务实体经济发展的新型劳动工具 / 044

第二节　算据：数据要素时代的关键劳动对象 / 045

第三节　算法：解决应用问题的模型化方案 / 046

第四节　算力与经济相生相连 / 046

第二篇
算力经济：数字经济演进升级的新阶段

第三章

算力经济的概念和体系构成 / 050

第四章
算力经济和数字经济的关联与区别 / 053

第三篇
算力基础设施：算力服务供给、调度、分配的综合载体

第五章
算力基础设施发展现状和演进趋势 / 059

第一节　数据中心筑牢产业发展坚实底座 / 060
第二节　超算中心彰显"国之重器"发展加速度 / 063
第三节　智算中心成为算力基础设施建设热点 / 068
第四节　算网融合助力算力经济提质优化 / 073

第六章
算力基础设施相关国家政策密集出台 / 076

第一节　国家政策持续赋能，着力新型基础设施建设 / 077
第二节　"东数西算"工程重点任务和面临挑战 / 081

第四篇
计算产业：算力经济发展主导权的必争之地

第七章
计算产业边界和门类 / 092

第一节　计算产业的概念体系／093

第二节　计算产业的内涵和外延／094

第三节　计算产业的统计体系／095

第八章
计算产业发展现状／100

第一节　通用计算产品及服务／101

第二节　人工智能计算产品及服务／112

第三节　超级计算产品及服务／124

第四节　专用计算产品及服务／130

第五节　前沿计算产品及服务／137

第五篇
算力应用与行业赋能机制

第九章
工业大脑／150

第一节　算力应用逻辑／151

第二节　算力应用案例／151

第三节　行业赋能机制／152

第四节　应用场景展望／152

第十章
城市大脑 / 154

第一节　算力应用逻辑 / 156

第二节　算力应用案例 / 157

第十一章
能源大脑 / 159

第一节　算力应用逻辑 / 160

第二节　算力应用案例 / 161

第三节　行业赋能机制 / 164

第四节　应用场景展望 / 164

第六篇
算力经济治理初探

第十二章
人工智能治理面临的机遇和挑战 / 170

第一节　加强人工智能治理迫在眉睫 / 171

第二节　人工智能治理面临的挑战 / 175

第三节　推动人工智能治理的建议举措 / 177

第十三章
算力出海面临的机遇和挑战 / 180

第一节　算力出海是算力经济发展壮大的必经之路 / 181

第二节　算力出海面临的挑战 / 182

第三节　推动算力出海的建议举措 / 183

第七篇
算力经济指数

第十四章
算力经济发展水平评估体系 / 186

第一节　算力经济指数框架 / 187

第二节　数据来源 / 189

第十五章
国内算力经济发展评估 / 190

第一节　算力基础设施子系统质效分析 / 191

第二节　计算产业子系统质效分析 / 191

第三节　应用赋能子系统质效分析 / 192

第四节　算力治理子系统质效分析 / 192

第八篇
展望

第十六章
新的计算技术应用将颠覆产业生态 / 195

第一节　通用人工智能的加速迭代演进将引领未来世界变革 / 196
第二节　量子计算将成为核心突破点 / 197

第十七章
算力有望成为公共服务产品 / 198

第一节　算力交易市场化进程仍处于初级阶段 / 199
第二节　算力调度将引导生产力流向，提升实体经济支撑能力 / 199
第三节　算力监管亟待加强部署 / 199

第十八章
算力经济从底层规则角度对全球竞争带来深远影响 / 201

第一节　算力主权界定全球大国生产力竞争新格局 / 202
第二节　计算技术创新深化全球新型工业化进程 / 202
第三节　算力经济发展新模式重塑国家安全观 / 203

第十九章
算力经济将秉承绿色发展理念，助力构建人类命运共同体 / 205

第一节　坚定不移推动绿色发展，建设人与自然和谐共生的现代化产业体系 / 206

第二节　加强绿色发展国际合作，推动构建人类命运共同体 / 206

第三节　向外输出行业智慧方案，创造绿色复苏重大机遇 / 207

后记 / 209

第一篇
算力：数字经济时代的核心生产力

算力作为数字经济时代新的生产力表现形式，是人类对计算机、大数据、云计算、人工智能、区块链等技术不断探索并将其产业化应用的结果。从原始社会的简单工具到工业革命后的机械化生产，再到现在的信息时代，生产力的表现形式和作用方式都在不断变化。随着城市数字化转型节奏加快，"算"与"存"的需求不断提升，算力基础设施的建设和发展对于数字经济的发展起到了越来越重要的支撑作用。

当前信息社会，算力、算法、算据构成了三大核心要素。算法是实现特定计算任务的方法，依赖算力提供的计算资源和环境；算据是算法处理的数据和信息，大量的算据支持是实现算法功能的基础；稳固的算力基础设施为算法和算据提供了稳定、高效的运行环境。

算力的出现和算力经济的蓬勃发展，是人类科学技术不断探索并实现大规模推广应用的最终结果，也是邓小平同志于1988年提出"科学技术是第一生产力"的重要论断在21世纪得到全球印证的现实体现。算力作为数字经济时代新的生产力表现形式，正在成为数字经济发展的核心驱动力和必不可少的要素支撑，为社会经济的高质量发展注入更加强劲的动力。

CHAPTER 1 | 第一章
生产力的历史沿革

从农耕时代的人力、畜力,到工业时代的蒸汽、电力,再到以计算能力和信息化为代表的算力,生产力随着技术的进步而发生了显著变化,为全球经济的发展注入了持续的动力。

第一节 动力驱动阶段

(一)蒸汽时代(18世纪60年代—19世纪中期)

18世纪60年代,工业革命在英国拉开帷幕。这一时期的标志性发明是蒸汽机,它为工业生产提供了新的动力来源。随着机械化和工厂制度的建立,大规模、高效的生产方式成为可能。工业化城市如雨后春笋般崛起,其核心产业是工业产品的生产。铁路和蒸汽轮船构成的交通网络将各地紧密连接,为英国的经济扩张提供了坚实的物质基础。海洋贸易的转型进一步巩固了英国在全球的霸权地位。工业革命不仅为资源相对匮乏的欧洲带来经济繁荣,还推动了欧洲逐渐成为世界的中心。

1. 棉布和寒冬引发的产业革新

工业革命的契机之一是印度棉布的流行。印度棉布经过印染后,具有良好的吸湿性、耐用性和价格优势,因此在英国市场广受欢迎(见图1-1)。然而,这对英国本土的毛纺织业造成了严重冲击。为了应对这一挑战,毛纺织行业联合会向英国议会提出请求,希望通过立法手段禁止印度棉布的进口和使用。与此同时,英国的棉花商人为了保持低价竞争力和市场份额,开始尝试将麻纤维混入棉花中织布。这种棉麻混纺布价格低廉,但只能在英国本土生产,从而在一定程度上缓解了外来竞争的压力。

具有讽刺意义的是,尽管英国的羊毛制造商曾反对棉纺织业的发展,但正是他们的反对促进了英国棉纺织业的壮大。在大西洋三角贸易全盛期,英国羊毛制品的供应跟不上日益增长的需求,而棉纺织品填补了这一缺口,被大量出口至西非和加勒比地区。1750—1770 年，英国对大西洋地区的棉布出口量猛增了约十倍。

图 1-1　工业革命前，印度棉布风靡欧美

（内容来源：赛迪智库整理，2023 年 11 月）

尽管业务蓬勃，英国棉纺织业仍面临依赖手工纺线的挑战，这限制了生产效率。为了提高产能，棉纺织商悬赏寻求能够提升纺织效率的发明。1767 年，纺织工人哈格里夫斯发明的珍妮纺纱机（Spinning Jenny）实现了棉纱的大规模生产，但这台机器生产的棉纱质量并不理想（见图 1-2）。紧接着，1769 年，阿克莱特推出了水力纺纱机（Water Frame），这种机器利用水车动力生产出既细腻又坚韧的棉纱，将多个工序一体化，迈向了自动化生产的新时代。不过，水力纺纱机的使用受到地理条件的限制，因为它需要靠水流来驱动。这个局限性意味着工厂只能建在水流资源丰富的地区，如靠近铅矿的地方，这在港湾城市并不实用。于是，为了在更加多样化的地点建设工厂，人们迫切需要一种新的动力源，这就催生了燃煤蒸汽机的诞生。蒸汽机的应用解决了工厂动力问题，使棉纺织生产不再受限于特定地点，从而加速了工业革命的进程。

图 1-2　珍妮纺纱机

（内容来源：赛迪智库整理，2023 年 11 月）

英国的寒冷气候为工业革命提供了必要的能源条件。严冬迫使人们砍伐森林以制取木炭，尽管如此，木炭的供应仍然无法满足需求，燃料在英国的重要性甚至超过了粮食。幸运的是，自然界的变化为英国提供了丰富的煤炭资源。树木在倒下后，由于寒冷的气候，不易腐烂而逐渐碳化形成煤炭。然而，开采煤炭时，地下水常常灌入矿井，解决排水问题成为关键。1712 年，托马斯·纽科曼发明了用于排水的大型蒸汽机，这台机器通过锅炉产生的水蒸气推动活塞运动，并在冷水滴入后使蒸汽冷凝，从而再次将活塞压下。随着棉布生产的大规模需求，迫切需要一种能够替代人力和水车的新型动力源。此时，对纽科曼的原始、低效蒸汽机进行改进变得至关重要，以便它能够小型化并用作机械的动力源。这一创新工作则是由詹姆斯·瓦特完成的。

1782 年，瓦特成功提高了蒸汽机的效率，使其成为替代水车的新能源。蒸汽机的发明触发了一系列技术革新，它使得棉布生产可以通过机械化方式进行。1784 年，埃德蒙·卡特莱特发明了以蒸汽机为动力的织布机，紧接着在 1785 年，塞缪尔·缪尔发明了能够纺出大量高质量棉纱的纺纱机。这些以蒸汽机为动力的机械实现了纺纱和织布工序的自动化。随着蒸汽机的不断改良和普及，其应用范围也不断扩大，从最初的矿井抽水到后来的交通运输、冶金、机械制造、化工等多个工业领域。蒸汽机的应用推动了社会生产力的空前发展，催生了一场技术革命，开启了蒸汽时代。

2. 蒸汽技术革命带来了社会生产力的巨大发展

17世纪，工业革命的浪潮席卷而来，蒸汽动力技术的革新引领了生产力的显著跃进。这一时期，蒸汽动力驱动的机械与交通工具转变为工业生产的新引擎。技术创新与发明的步伐不断加速，推动了科技的飞速发展，城市化和工业化的进程亦随之迅速展开。这一系列变革不仅重塑了人们的思维模式和价值观念，还催生了全新的经济和社会结构，并以惊人的速度向全球其他地区扩散。

在生产效率方面，蒸汽机的引入和应用极大地提升了工厂的生产能力。 这一进步主要得益于把科学原理和实用知识系统性地整合到制造流程中，流水线作业和创新技术得到了广泛应用。据统计，蒸汽机的使用使得生产效率提高了大约7.5倍。特别是在纺织行业，蒸汽机的运用不仅加快了生产速度，还显著降低了生产成本。此外，蒸汽机还能驱动其他多种机械设备，进一步推动生产流程的自动化和效率化。

机械创新的浪潮不断涌现，标志着工业化的一个核心转变：在商品生产和服务行业中，机械力开始取代人力和畜力。 英国制造业从这一系列的技术革新中受益匪浅。在蒸汽机领域，1707年，托马斯·纽科曼获得了一项蒸汽驱动抽水机的专利；1769年，詹姆斯·瓦特对这种抽水机的设计进行了重大改进，使其能够用于排放矿井中的水。1801年，里查德·特里维斯克首次利用蒸汽发动机驱动交通工具。在纺织业方面，1733年，约翰·开伊发明了织机的飞梭；1764年，詹姆斯·哈格里夫斯对珍妮纺织机进行了改良。五年后，里查德·阿克莱特获得了一种纺织机器的专利，并在自己的工厂中以系统化的工业组织方式安装了这种机器。1786年，爱德蒙德·卡德莱特获得了首台动力织布机的专利。同时，亚伯拉罕·达比及其继承人在什罗普郡进行的"煤溪谷"工程，标志着英国已经掌握了铁拱制造技术。世界上第一座铁拱结构桥于1777—1779年建造，为至今仍然屹立的城镇赢得了"铁桥镇"之名。这些技术进步推动了生产力的大幅提升，改变了制造业的面貌，并为英国及全球的工业发展奠定了坚实的基础。

劳动力的增长成为工业革命期间的一个显著特征。与欧洲其他国家相比，英国更早地经历了资本和劳动力从农业向工业的转移。城市劳动力的增加带动了对国内商品和服务需求的扩张，这反过来又促进了人口增长和城市化的加速。此外，工作组织的方式也发生了根本性的变化，人们越来越多地在工厂环境中为公司工作，而不是在家中或小型手工作坊里劳作。为了提升生产效率，工业生产中的劳动分工变得更加细化，每个工人负责生产过程中的一个特定环节。这种分工，结合新型工具和机械设备的使用，使得生产更多产品成为可能。这些变化不仅提高了产量，也为工业化时代的劳动力市场和生产方式设定了新的标准。

第一次工业革命为英国带来了社会生产力的巨大提升。在工业革命的前后 80 年里，英国工人的生产效率显著增加了 20 倍，而在纺织工厂中，工人们的生产效率比手工纺织时代提高了 266 倍。18 世纪中叶，英国的煤炭产量和棉花加工量均占据了全球总产量的半壁江山，而其工业产出量占全球总量的 51%，进出口贸易比重达到 25%，铁路运营里程突破 1 万千米，使得伦敦成为世界金融的核心。英国实现了从农业国向工业国的跨越，获得了"世界工厂"的荣誉，并成为当时世界上最强盛的国家。

成功的奥秘。英国经济昌盛的关键因素包括两方面：一方面，私营商业机构的兴起，如银行和保险公司，推动了货币替代品的发展，其形式包括纸币、承兑汇票、信用贷款和支票等。在黄金和白银经常被出口、硬币常因提炼金属而被熔化的时期，这一进展保障了国家的货币供应稳定性。正是纸币和信用制度为现代金融系统的构建打下了坚实的基础。另一方面，技术革新发挥了重要作用。对贸易的重视促使投资者将注意力转向制造业，特别是在纺织品和钢铁生产上。此外，工厂制度的建立融合了家庭手工业文化或手工制造的传统，有助于缓解从前工业时代向工业化社会过渡的冲击。

（二）电气时代（19世纪60年代末—20世纪初）

随着第一次工业革命及资本主义体系的迅猛扩展，自然科学领域迎来了前所未有的活跃期，并实现了一系列重要的科学突破。这一时期，科学与技术进步紧密相连，为资本主义体系进一步演变所催生的技术变革创造了条件。这些科学技术的新发现迅速被广泛应用于工业生产之中，极大地刺激了资本主义经济的进一步发展。这标志着自近代以来科学技术领域的第二次巨大飞跃，即第二次工业革命，工业革命随之步入了一个崭新的阶段。

1. 电力技术和电力工业打开"电气时代"大门

第二次工业革命的核心特征是电力技术的广泛应用。早在1831年，英国科学家法拉第就揭示了电磁感应现象，奠定了发电机原理的基础。基于这一科学发现，19世纪60年代后期，电的研究和探索不断深入，涌现出了一系列创新的电气技术。19世纪70年代，实用型发电机研发成功，同时，能够将电能转换为机械能的电动机也被发明出来，电力得以作为一种新的能源动力来补充和取代蒸汽动力；接着，电灯、电车、电钻、电焊等电气产品如同春笋般涌现。为了实现电力在生产中的应用，解决电力长距离传输的问题至关重要。1882年，美国首座火力发电站建成，并将输电线连接成网络。作为一种高效且经济的新能源，电力的广泛使用促进了电力工业和电气制造业等新兴工业的快速成长。人类历史从此由"蒸汽时代"跨入"电气时代"。

同期，电信事业也得到了显著发展。1876年，定居于美国的苏格兰人贝尔成功测试了电话通信，贝尔电话公司在其发明基础之上进行了重要改进，使电话通信迅速在全球多个国家普及。1877年，美国建成首座电话交换台，随后，巴黎、柏林、彼得堡、莫斯科和华沙等地相继成立了电话局。无线电报的发明是19世纪末最重要的技术成就之一。1888年，德国科学家赫兹发现了电磁波，利用这种电磁波，意大利人马可尼进行了无线电通信的实用化工作：1899年，马可尼成功在英法之间发送无线电报；1901年，他实现了横跨大西洋的无线电报发送。电信事业的发展大大便利了信息的快速传递，从而加强了世界各地的经济、政治和文化联系。

2．内燃机的诞生与汽车工业的新纪元

19世纪80年代中期，德国发明家戴姆勒和卡尔·本茨提出了内燃发动机的设计蓝图，这种以汽油为燃料的发动机开启了新的机械动力时代。19世纪90年代，德国工程师狄塞尔设计了一种效率更高的内燃发动机，因可以使用柴油作燃料，得名柴油机。内燃机的发明不仅解决了交通工具的动力问题，还引发了交通运输领域的革命性变化。19世纪末期，新型交通工具——汽车诞生了。1885年，德国人卡尔·本茨成功制造了第一辆汽油内燃机驱动的汽车。1896年，美国人亨利·福特推出了第一辆四轮汽车。与此同时，许多国家纷纷开始建立汽车工业。此后，以内燃机为动力源的内燃机车、远洋轮船、飞机等相继问世。1903年，美国人莱特兄弟制造的飞机试飞成功，实现了人类在天空飞翔的梦想，并预示着交通运输新纪元的来临。

3．石油化学工业的崛起

随着内燃机的普及，石油开采业迎来了前所未有的发展，同时催生了石油化学工业。石油逐渐成为与电力齐名的关键能源。1870年，全球石油产量仅为80万吨，而到了1900年，这一数字飙升至2000万吨。在第二次工业革命期间，化学工业作为新兴行业迅速崛起。在无机化学领域，19世纪60—70年代发明了以氨为媒介生产纯碱和利用氧化氮为催化剂生产硫酸的新方法，这两种基本原料的综合利用得到了快速发展。有机化学工业也因煤焦油的综合利用而迅速发展。从19世纪80年代开始，人们从煤焦油中提炼出苯、人造染料等。通过化学合成方法，美国人发明了塑料，法国人发明了人造纤维。化学工业的发展极大地提高了人们的生活质量。

4. 钢铁产业获得新鲜生命力

新的技术革命不仅推动了新兴工业部门的发展，也促进了传统工业部门的进步，其中最显著的是钢铁工业。19世纪上半叶，由于房屋结构和铁路的需求，熟铁和铸铁的产量迅速增长，而钢的产量却停滞不前。英国的钢产量于1850年为6万吨，而同年的铁产量却达到250万吨。由于冶炼工艺的限制，钢产量较低，价格昂贵，其用途主要集中在工具和仪表上。

然而，19世纪下半叶，西门子、托马斯等人对钢铁冶炼技术的贡献使得钢大量生产且质量大幅提高，逐渐替代熟铁成为机械制造、铁路建设、房屋桥梁建筑等领域的新材料，并在全球范围内得到广泛应用。钢铁工业的蓬勃发展使重工业在整体工业中的比重急剧上升，这一时期被称为"钢铁时代"。美国铁路的快速发展得益于钢铁产量的增长。美国在内战时期拥有铁路4.8万千米，到1900年已超过31万千米，不低于欧洲各国铁路的总长度，几乎占到全世界铁路里程的一半。第一次世界大战结束时，美国铁路长度进一步增加到41万千米。1880—1890年，美国铁路干线运营里程由15万千米增加到26.8万千米，年均建设1.18万千米。当时美国的人口数量仅约6000万，相当于目前中国人口数量的二十二分之一，美国当时的人均铁路年建设里程是中国目前人均铁路年建设里程的79倍，这表明当时美国在铁路上的投资是相当巨大的。

5. 从蒸汽到电气的经济发展

随着电力的广泛应用，它逐渐取代了蒸汽，成为工业生产和社会生活的主要能源。这标志着人类社会从"蒸汽时代"迈入了"电气时代"。电力技术和电力工业的发展使得电能被迅速推广应用于照明、电信、城市交通运输、加工工业和日常生活等各个领域。各种各样的家用电器进入千家万户，极大地改善了人们的生活质量和生活方式。电力的广泛应用推动生产领域发生了持久而深刻的结构性变革。电力工业部门迅速崛起，与钢铁、石油化工、汽车制造等一起构成了第二次工业革命的四大新型支柱产业。旧的工厂体制得到了更新，股份制公司逐渐成为工厂企业的主导形式，企业的生产组织和经营管理也呈现出新的变化，现代化的生产流水线开始出现。

对社会的改造作用。工业革命对社会的改造作用是深远且根本的，它的影响通常超越了政治革命，尽管它不伴随着政治革命所特有的剧烈冲击和局势动荡。生产力的迅猛发展超出了人们的预期，工厂制度的出现取代了手工作坊，标志着资本主义社会制度的一次重大转变。这一系列变化推动着社会快速进化。在工业革命的几十年间，经济结构发生了根本性的转变，从以农业和乡村为主的经济体制转变为以工业和城市为主的经济体制。这种转变大规模地改变了人们的生活和国家的经济地理布局。新兴城市的崛起、旧城市面貌的改变、人口从农村向城市的大规模迁移，以及向城市化社会的转变，都是这一时期的典型特征。工业产值的迅速增长超过了农业产值，这一现象在很多国家都得到了体现。工业革命期间，社会阶层结构也发生了变化，中产阶级的兴起和工人阶级的形成，为社会政治生活带来了新的动力。教育、卫生和社会福利等方面的改革，以及对劳工权益的保护，都是工业革命带来的社会变革的一部分。工业革命深刻地影响了人类的生活方式、社会结构和文化观念，塑造了现代工业社会的基本轮廓。

随着社会结构和阶级结构的变化，新的社会利益群体开始形成。其中，最重要的变化是工业资产阶级和工业无产阶级的出现。工业资产阶级通过控制生产资料，成为经济和政治生活中的主导力量，而工业无产阶级则成为依赖出卖劳动力为生的工人阶级。这两个阶级的形成和发展，不仅改变了社会经济的基础，也对社会的政治格局产生了深远的影响。中产阶级的兴起也是这一时期社会变化的一个显著特点。他们在工业化进程中找到了自己的位置，成为社会稳定和发展的重要力量。中产阶级对教育、文化和社会改革有着浓厚的兴趣，他们推动了社会的进步和现代化。工业革命深刻地影响了社会的政治、文化和生活方式。这些变化共同塑造了现代工业社会的基本面貌，并为后来的社会发展和变革奠定了基础。

工业资产阶级与工厂手工业时期的商人资产阶级相比，展现出了更为强烈的进取精神和在自由竞争中求发展的决心。他们依托机器产业的发展取得的成就，远远超过了旧时代的资产者。工业对农业的改造能力、吸收自由劳动力的巨大容量，以及对整个社会的深远影响，都使得资本主义在国际市场竞争中脱颖而出。19世纪的资产阶级革命和改革浪潮席卷全球，19世纪中叶，资本主义的世界体系初步形成，这正是历史巨变的体现。封建制度及其以前社会制度的衰落成为历史的必然，它们无力回天，只能让位于兴起的资本主义。这一历史转折点，不仅是经济和政治结构的转变，还涉及社会价值观念和生活方式的根本变革。资本主义的扩张推动了全球化的进程，加速了文化、技术和思想的交流。同时，它也引发了对社会不平等、劳工权益和政治参与等问题的反思和讨论，催生了一系列社会改革运动。

无产阶级，即产业工人的队伍，构成了一个全新的社会利益群体。他们与以往的手工工人有着显著的不同：他们没有小块土地，缺乏传统的生产工具，也不带有任何宗法社会的烙印，他们是纯粹的雇佣劳动者。在机器生产的劳动条件下和由机器联结的集中劳动环境中，无产阶级展现出了集中、团结和纪律性强的特点。随着时间的推移，无产阶级逐渐意识到自己是一个具有共同命运、共同愿望与要求的群体，这种意识通常被称为阶级意识。在科学理论的指导下，他们开始理解和接受阶级觉悟的概念，尽管这种觉悟率先出现在先进的工人中。作为一个社会群体，工人们开始起来斗争，争取自己的利益和社会地位，从而形成一股历史潮流，为世界历史增添了新的内容。这股潮流推动了意识形态领域中社会主义从空想向科学的转变。随着社会主义思想与工人运动的逐步结合，这一潮流变得越来越强大，成为19世纪并行交错的历史大潮之一。无产阶级的崛起和斗争，不仅对经济和政治结构产生了深远的影响，也对社会的文化和意识形态产生了重大的冲击，为社会的进一步变革和发展提供了动力。

随着19世纪末第二次工业革命的推进，资本主义经济结构经历了深刻的转型。这一转型主要体现在两个层面：首先，工业领域迅速吸收了科学技术的最新成就，这不但加速了生产流程，也推动了生产规模的扩张和资本集中度的提升；其次，科技进步与生产能力的增强导致了社会财富大量积聚于少数资本家之手。这种资本与生产的集中化趋势最终孕育了垄断资本主义。垄断，通常指的是一些大型资本主义企业在争夺市场控制权和获取超额利润的过程中形成的经济集团或联盟。垄断组织的初始形态是股份制企业，其目的是吸纳社会上零散的资金，以满足快速发展的资本主义工业对巨额资本的需求。这种股份制形式加强了资本的积累。同时，随着生产技术的日益复杂化，生产的集中化在经济危机之后得到了显著加强，表现为生产规模的增长、规模经济的显现、资本有机构成的提升以及劳动力占比的下降。

垄断资本主义的发展是一个从初级到高级的过程，其垄断程度也随之演变。垄断组织有几种主要形式，包括卡特尔、辛迪加、托拉斯和康采恩，每种形式都具有不同的特征和垄断水平。卡特尔是一种最初在德国出现的垄断组织形式，它的垄断程度相对较低，通常是指生产相同或类似产品的企业之间，通过签订协议来规定产品价格、销售市场和生产规模等，从而形成的一种垄断组织。参与卡特尔的企业通常保持了一定程度的生产和销售自主权。从 19 世纪末到 20 世纪初，德国的卡特尔经历了显著的发展，到第一次世界大战前，德国已经拥有近 600 个多种类型的卡特尔。当时，德国一些重要的垄断组织和企业包括电气总公司、西门子公司和克虏伯公司等。辛迪加主要是在俄国出现的垄断组织形式，它通常由同一生产部门的少数大企业组成，这些企业通过签订统一销售商品和采购原料的协议来形成垄断组织，参与辛迪加的企业在法律和产品上保留自己的独立性。托拉斯是一种由生产同类产品或与产品有密切关系的大企业合并而成的垄断组织。在这种组织中，参与企业在生产、销售和法律等各方面都失去了独立地位。美国的美孚石油托拉斯是最早成立的托拉斯之一，随后在美国迅速涌现出许多类似的组织。托拉斯将下属企业合并为一个统一的实体。1879—1901 年，美国的工业部门中，托拉斯的数量增长到 300 多个，共兼并了超过 5000 家企业。康采恩，也称为财团，主要在日本出现，它是由一些共同依赖于某个金融集团的不同经济部门的大企业和银行联合组成的垄断组织。随着垄断组织的发展和演化，它们对市场的影响日益增强，成为资本主义经济中不可忽视的力量。

第二次工业革命极大地推动了生产力的发展，而垄断组织的兴起正是这一发展的直接产物。随着这些组织的形成，企业规模进一步扩大，这无疑有利于劳动生产率的进一步提升。垄断组织的出现还带来了技术发明和创新过程的社会化：拥有雄厚资金的垄断组织能够为科学技术研究提供更广泛的支持，使得科技成果能够迅速应用于生产实践。高级形式的垄断组织如托拉斯等，进一步促进了企业管理的优化、生产成本的降低以及劳动生产率的提高，从而为生产力的持续发展创造了有利条件。因此，垄断的出现可以被视为资本主义生产关系在局部的一次调整。

随着资本主义国家经济实力的增长，垄断资本家开始控制国家的经济命脉，并逐渐介入国家政权，越来越多地干预国家的政治和经济生活，以追求最大化的利润。垄断组织的出现使国内市场相对缩小，垄断资本家积极向全球扩张，争夺商品市场、原材料基地和投资场所，在全球市场的激烈竞争中形成了国际垄断集团。这些代表垄断组织利益的资本主义国家加强了对外侵略和扩张，掀起了瓜分世界的狂潮。

1890年，美国国会通过了《谢尔曼反托拉斯法》，旨在缓解公众对垄断的不满情绪，抑制包括农场主、工人和中小企业家在内的反垄断运动，并调节垄断资本内部的矛盾。然而，美国的垄断资本并未因此受到有效遏制，反而呈现出更快的发展趋势。这表明，由于垄断资本已经牢牢控制了国家的政治生活，参议院不可能通过真正对垄断资本家不利的决议。

促进世界市场的发展。第二次工业革命不仅改变了各国民众的日常生活，也对全球人类命运共同体产生了深远影响。其中最显著的变化之一就是它极大地推动了世界经济一体化的进程。第二次工业革命为资产阶级提供了前所未有的经济和物质资源，使其能够更有效地"征服世界"。它不仅加强了国际交流，还将一个分散的世界转变成互相联系、紧密相连的全球性整体。

这一转变标志着从局部性的国际交流向全球性互动的根本性转变,是推动世界市场发展的关键因素。

19世纪末,基于生产力的井喷式增长,全球工业总产量实现倍增,生产的社会化程度获得极大提高,国际分工向广度和深度发展,国际联系和分工格局更趋清晰。粮食和原料的生产越来越集中于发展相对滞后的亚非拉第三世界国家,工业生产则集中于工业化程度高、科技先进的欧美诸国和日本。

第二节 算力驱动阶段

计算机的诞生源于人类对机器控制能力的渴望以及处理大量计算任务的需求。在古代,人们利用手指、石块、绳索和划痕等方式计数,随着交易的出现,需要进行更复杂的数学运算,于是发明了算盘、纳皮尔骨筹、滑尺等计算工具。例如,德国的契克卡德发明了计算板,法国的帕斯卡发明了加法器(见图1-3),德国的莱布尼茨发明了乘法器,英国的巴贝奇设计了差分机和分析机,这些都是现代计算机的雏形。

图1-3 法国物理学家帕斯卡发明的加法器

(内容来源:赛迪智库整理,2023年11月)

（一）算力 1.0：机构算力（20 世纪 40—70 年代）

在远古时代，原始的计算工具如草绳和石头满足了基本的计数需求。随着社会的发展和数学运算需求的增加，人们发明了更为高效的计算工具，如算筹和算盘。这些工具的出现显著提高了当时的算力水平。进入 20 世纪 40 年代，人类经历了一场算力革命。1946 年 2 月，世界上第一台数字式电子计算机 ENIAC（Electronic Numerical Integrator and Computer，电子数值积分计算机）诞生，这标志着人类的计算能力正式步入了数字电子时代。

1. 冯·诺依曼和 ENIAC

在第二次世界大战期间，著名的数学家、物理学家约翰·冯·诺依曼（John von Neumann）参与了"曼哈顿计划"，为世界上第一颗原子弹的研制作出了重要贡献。"曼哈顿计划"是美国在第二次世界大战期间进行的一项秘密研究项目，旨在开发原子武器。在战争结束后，冯·诺依曼加入了 ENIAC 的研制小组。ENIAC 是世界上第一台全电子式通用计算机，主要用于计算弹道表，它的设计和建造由美国军方资助，设计者是约翰·莫克利（John Mauchly）和约翰·普雷斯珀·埃克特（J. Presper Eckert）。

1945 年，冯·诺依曼发表了一篇具有里程碑意义的论文，题为《电子计算机中的数器》，提出了一个全新的"存储程序通用电子计算机方案"。这篇论文中，他提出了计算机的基本功能规范，包括二进制运算、存储程序控制及 CPU（中央处理器）的概念。这些规范构成了现代计算机设计的基础，并且至今仍然得到遵循。

1946 年 2 月 14 日，ENIAC 在美国宾夕法尼亚大学正式公开，它采用了二进制和可重用的存储器，能够重新编程并解决各种计算问题。ENIAC 包含了 17468 个真空管、7200 个水晶二极管、1500 个中转站、70000 个电阻器、10000 个电容器、1500 个继电器和 6000 多个开关。它的计算速度达到了每秒 5000 次加法或 400 次乘法，比使用继电器的机电式计算机快 1000 倍，比手工计算快 20 万倍（见图 1-4）。ENIAC 的成功运行开启了计算机科技的新纪元，之后，计算机技术以惊人的速度发展，不断推动着各行各业的变革。从第一代电子管计算机到如今的量子计算机，每一次技术的飞跃都极大地扩展了计算机的应用范围，推动了人类社会的进步。

图 1-4　世界上第一台计算机 ENIAC

（内容来源：赛迪智库整理，2023 年 11 月）

2. 大型机时代与蓝色巨人 IBM

到了 1945 年，电子管计算机基本取代了之前的继电器计算机，计算速度提升了约 1000 倍。尽管电子管计算机的运算速度显著提高，但它们也存在明显的缺陷：成本高昂且受到所谓的"爱迪生效应"的影响，即电子管在工作时容易发热，经常发生烧毁的情况。因此，科研人员开始探索新的电子元件。1946 年 5 月 6 日，世界上第一台存储程序式电子计算机 EDSAC 诞生（见图 1-5）。

1947 年，晶体管的发明标志着电子技术的一个重大突破。晶体管是一种小型、高效、耐用的半导体器件，能够放大和开关电子信号。由于其优越的性能和可靠性，晶体管很快取代了电子管在电子设备中的应用。1956 年，威廉·肖克利（William Shockley）、约翰·巴丁（John Bardeen）和沃尔特·布拉顿（Walter Brattain）因在半导体及晶体管效应方面的研究而共同获得了诺贝尔物理学奖。晶体管的出现彻底改变了电子工业，为后续的电子产品发展奠定了基础。

图 1-5　世界上第一台存储程序式电子计算机 EDSAC

（内容来源：赛迪智库整理，2023 年 11 月）

1950—1980 年这一时期被称为大型机时代。大型计算机主要采用晶体管作为核心元件，这些计算机通常安装在配备空调的专业实验室和数据处理中心中。在这个时期，IBM（国际商业机器公司）凭借在机电制造方面的深厚积累、卓越的组织能力和精心构建的销售与营销体系，在大型计算机市场上取得了巨大成功，逐渐成长为计算机行业的领导者，被昵称为"蓝色巨人"。20 世纪 60 年代末，IBM 在全球大型计算机市场中已经占据了大约四分之三的份额，确立了其在计算机行业的主导地位。

大型主机（Mainframe）确实是计算机技术中的顶级产品，以其出色的安全性和高可靠性在金融、证券等关键行业中发挥着至关重要的作用。由于其强大的处理能力和高度的稳定性，大型主机在这些行业中的地位至今仍然不可替代。大型主机的历史可以追溯到 20 世纪 60 年代，当时的计算机技术迅速发展。经过数十年的不断迭代和升级，大型主机在所有计算机系统中的稳定性和安全性都是首屈一指的。这些系统的设计理念是为了满足最严苛的业务需求，包括对数据完整性、系统可用性和安全控制的极高要求。

然而，大型主机的优势背后，也伴随着高昂的成本和复杂的管理维护工作。因此，通常只有政府、银行、保险公司和大型制造企业等对信息安全性和稳定性有着极高要求的机构，才会投资使用大型主机系统。大型主机在许多关键领域的贡献是不可忽视的。例如，美国"阿波罗登月计划"的成功、天气预报的准确性、军事科学的发展，以及全球金融业和制造业商业模式的转变，都离不开大型主机的支持。在银行业，数以亿计的个人储蓄账户管理和丰富的金融产品提供，都依赖于大型主机的处理能力。在证券行业，无纸化交易的实现也是建立在大型主机技术之上的。

大型主机的诞生和发展历程确实标志着计算技术的重大进步，对人类社会的发展产生了深远的影响。在它们的全盛时期，大型主机几乎成了计算机乃至整个信息技术领域的代名词。这些强大的系统不仅为商业、科学和政府等领域提供了前所未有的计算能力，还推动了软件工程、数据库管理和网络通信等关键技术的发展。在 IT 业界，大型主机是为数不多的能在一个时代中占据主导地位并保持了数十年的产品。它们的出现不仅开创了一个新的 IT 时代，而且其不断进化也见证了技术创新的力量，以及这些创新如何帮助客户实现价值。那个"最好的时代"充满了创新和机遇，大型主机的处理能力和可靠性为各种行业提供了强大的支持，从而促进了整个社会的进步。那是一个"伟大的时代"，许多技术和业务模式的里程碑被设立，至今仍在影响着我们的生活；那也是一个"神奇的时代"，因为大型主机代表了计算方式的巨大飞跃，它们的存在不仅仅是技术上的突破，更是人类智慧的结晶。

3．日本电子计算机的强势崛起

日本的电子计算技术于 20 世纪 50 年代萌芽，那时，日本的电子产业还处于起步阶段，尚未具备独立开发高性能计算机和微处理器的能力。为此，日本电子计算领域不得不借助外部的科技力量，从美国和欧洲等地引进了众多技术和设备。最初，日本制造的电子计算设施主要被应用于各类科学运算及数据处理任务，如预测自然灾害、地震学分析以及金融信息统计等重要领域。

进入 60 年代初期，日本电子计算产业迅速成长。政府对这一领域的支持显著增强，资金与人力资源的大量投入促进了计算机技术的研究与发展。此外，日本电子企业纷纷推出具有自主知识产权的计算产品，如 NEC 推出的 NEAC 系列，以及富士通推出的 MARS 系列计算机。在这个时期，日本厂商以生产中小型计算机为主，这些机器搭载了自主研发的操作系统和芯片，成为当时市场上领先的产品之一。

到了 70 年代初，日本电子计算行业再度实现了飞跃。部分日本企业开始进军微处理器市场，推出了功能更加全面、性能更加卓越的计算产品。特别是 NEC 的 SX-2 超级计算机，成为那一时期的标杆性产品，并在全球范围内跻身最快的超级计算机之列。同时，富士通的 VPP 系列和日立的 HIOS 系列产品也受到了广泛关注。70 年代末，日本电子计算产业已在全球市场展现出强大的竞争力，其研发与制造水平达到了国际先进标准。于 80 年代末，日本已经牢牢掌控了国内市场。曾经在全球占据领导地位的 IBM，于 80 年代初在日本市场也占据着首要位置，但随后被富士通和 NEC 超越，降至第三位。在美国和欧洲市场，日本计算机制造商亦取得了显著成就，主要通过办公和电子设备公司向其合作伙伴销售产品。

4．百花齐放的编程语言

随着大型计算机市场的快速扩张，出现了多种型号和用途的计算机，这就要求开发相应的多样化软件。企业不得不投入巨额的资金和人力资源进行软件编写、更新和维护工作。为了解决这一挑战，厂商们开始探索设计一种不依赖于特定硬件平台的软件方案，以实现程序在不同计算机之间的兼容，从而提高软件开发效率并减少重复性劳动。

在编程语言的演进过程中，历经了从机器语言到汇编语言的各个阶段，业界迫切需要一种新型编程语言，它既能跨设备运行，又接近数学符号或人类的自然语言，以便更好地服务于程序员和其编程任务。为响应这一需求，1956 年，美国计算机科学家约翰·巴克斯领导其团队开发了世界首个高级编程语言 FORTRAN。FORTRAN 语言专为数值计算设计，迅速成为该领域的一种主要且持久的编程语言。

20 世纪 60 年代，软件行业经历了一段特别动荡的时期，这十年被广泛称作软件领域的"崩塌十年"。其中，最具代表性的失败案例莫过于 IBM 推出的 OS/360 操作系统。OS/360 不单是一个操作系统，它涵盖了除编程语言之外的，程序员在开发与执行应用程序时所需的全套软件工具。这一系统由数以百计的程序部件构成，拥有超过百万行的代码量，并且采纳了"多任务处理"这一创新性技术，允许计算机同步执行多个程序。然而，当 OS/360 推迟上市之后，其系统性能异常缓慢，导致大量代码必须重新编写才能确保功能性，同时，它还暴露出了根本性的设计瑕疵，似乎并没有容易的解决方案。OS/360 的问题反映了当时计算机行业中普遍存在的软件难题。

危机的出现也意味着机会的出现。结构化设计方法应运而生。1970 年，瑞士计算机科学家尼古拉斯·沃斯（Niklaus Wirth）研制出了第一个结构化编程语言 Pascal（帕斯卡）。Pascal 基于 ALGOL 算法语言实现。1966 年，WG 2.1 工作小组中的尼古拉斯·沃斯与托尼·霍尔（C. A. R. Hoare）在 ALGOL X 的基础上作出修改与完善，形成 ALGOL W。碍于调整与改进幅度略显保守，委员会并未以此作为 ALGOL 60 的后继者。然而，尼古拉斯·沃斯在斯坦福大学撰写的 PL/360 在 IBM/360 上成功运行了 ALGOL W。1971 年，尼古拉斯·沃斯以电脑先驱 Pascal 的名字为之命名，其具有丰富的数据类型和简洁灵活的操作语句。Pascal 是一个重要的里程碑，它是第一个系统地体现了艾兹格·迪杰斯特拉和托尼·霍尔定义的结构化程序设计概念的语言。

1961 年，麻省理工学院的教师和学生在开发程序时遇到了困难。由于大型计算机的租用成本高达每小时 100 美元且效率极低，他们通常只能负担得起 1 个小时的使用时间。为了解决这个问题，分时系统的概念被提出。其中最著名的分时系统是达特茅斯分时系统。1964 年，达特茅斯学院院长约翰·凯梅尼和数学系教师托马斯·卡茨开发出了一套简单的分时系统以及名为 BASIC 的简单编程语言。像 FORTRAN 这样的语言是为专业人员设计的，无法普及。因此，他们在简化 FORTRAN 的基础上，研制出了一种"初学者通用符号指令代码"（Beginner's All-purpose Symbolic Instruction Code，BASIC）。1975 年，比尔·盖茨成功地将其移植到了个人计算机上。

1969 年，OS/360 和 Multics 项目遭遇了重大的软件灾难，这为程序员们敲响了警钟：系统越复杂，出现问题的可能性就越大，而且这些问题往往难以解决。这一现象促使一些开发者寻求通过简约的设计来规避复杂性问题。Unix 操作系统的诞生正是这种追求简洁性的典范。贝尔实验室的肯·汤普森和丹尼斯·里奇在 Multics 项目失败后，不愿就此放弃，他们决定开发一种小巧的操作系统，后来这个项目被命名为 Unix。为了支持这个系统的开发，里奇还专门设计了一种编程语言——C 语言。Unix 操作系统实现了"可移植性"，在当时成为一个独特的存在，它迅速在美国走红，并在 20 世纪 80 年代成为标准操作系统。C 语言因其广泛适用性，直到今天仍然是最受欢迎的高级编程语言之一。

5．机构算力既是时代发展阶段的产物，也是算力经济的萌芽

在算力经济的初期阶段，即算力 1.0 时代，大型机构和企业几乎垄断了所有主要的大型计算机资源。这种现象是当时技术进步和经济结构的典型反映。由于大型计算机昂贵的成本，加之它们对空间的需求以及特殊的维护设施，使得只有规模较大的企业才有能力投资和管理这些资源。大型计算机的

强大计算力和集中化特性，为处理数据、进行财务分析等复杂任务提供了可能，满足了机构和企业的需求。

大型计算机的发展带动了产业链的延伸，其影响范围广泛，带动效应显著，属于知识和技术高度集中的产业。它的发展涉及众多学科领域，如电子学、材料科学、自动化控制、制造技术等，对这些学科的进步起到了关键的推动作用。大型计算机不仅在当时为制造业和运营活动带来了直接的经济效益，而且极大地促进了国民经济各部门在资源配置上的效率优化，奠定了随后互联网发展和广泛应用的软硬件基础。

（二）算力 2.0：普适算力（20 世纪 80 年代—21 世纪 00 年代）

进入 20 世纪 70—80 年代，芯片技术在摩尔定律的指引下实现了显著飞跃。随着性能的持续增强和体积的不断缩小，计算机技术迎来了小型化的变革，个人计算机（Personal Computer，PC）随之诞生，其影响是划时代的。PC 的出现意味着信息技术的算力不再局限于那些大型企业（依赖大型计算机），而是进入了普通家庭和中小企业。这一重大进展开启了全民信息时代，极大地促进了社会的信息化进程。人们开始在日常生活中体验到 IT 算力带来的便捷和效率提升。此外，PC 的普及也为互联网的后续快速发展提供了坚实的基础。

1．不可思议的集成电路和摩尔定律

杰克·基尔比（Jack Kilby）和罗伯特·诺伊斯（Robert Noyce）分别独立发明了基于锗和硅的集成电路，两人之间谁先发明了集成电路的问题存在争议。1958 年，杰克·基尔比在德州仪器公司工作时发明了基于锗的集成电路，这一发明被认为是世界上第一块集成电路。同年，罗伯特·诺伊斯也独立地发明了基于硅的集成电路。由于他们的工作对电子行业的巨大贡献，两位科学家都被广泛认为是集成电路的发明者。

集成电路的发展极大地推动了现代电子技术的进步。通过在单晶硅片上集成多个电子元件,集成电路大大提升了电子设备的性能和效率。随后,平面型晶体管和平面型集成电路的出现,使得半导体电路的生产更加高效和精确。这种平面型制造工艺采用了"光刻"技术,可以在研磨得很平的硅片上形成二极管、晶体管、电阻和电容等元器件。随着光刻精度的不断提高,元器件的密度随之增加,这为摩尔定律的出现提供了技术基础,也为信息化时代的到来奠定了坚实的技术基石。

摩尔定律是由英特尔公司创始人之一的戈登·摩尔提出的观察法则,他预测集成电路上可以容纳的晶体管数量大约每两年翻一番。1965 年,摩尔提出了对未来半导体元件工业发展趋势的预言,他观察到器件的复杂性(即电路密度)与时间之间存在线性关系,并预测在最低元件价格下,这种复杂度每两年大约增加一倍。这一推断后来被称为"摩尔定律"的最初原型。1975 年,摩尔在 IEEE(电气与电子工程师协会)的学术年会上提交了一篇论文,对之前预测的密度增长率进行了重新审定,并将集成电路的复合年增长率修正为 41%。但是,摩尔定律并不是一个科学定律,而是基于实际生产经验和观察得出的趋势性预测。它并没有像物理定律那样的普适性和必然性,而是基于经验的预测,反映了半导体技术的发展速度和趋势。随着技术的进步、制造工艺的提升,摩尔定律所描述的增长速度得到了行业内的广泛认可和应用,成为推动半导体行业发展的一个重要动力。

计算技术的进步与摩尔定律紧密相关,包括微处理器性能的提升、内存容量的增加、传感器技术的改进,以及数码相机像素数量和尺寸的增长。这些技术进步推动了社会变革、经济增长,并促进了计算机体积的减小、重量的减轻、功耗的降低,同时提高了运算速度、存储容量和可靠性。

集成电路的发展是多学科知识积累的成果,包括数学、物理学、化学、微电子学、电磁学、光学和量子力学等,凝聚了无数科学家和工程师的智慧。自开发以来的半个世纪内,集成电路已变得无处不在,电脑、手机和其他数字设备成为现代社会结构不可或缺的一部分。现代计算、通信、制造和交通系统，尤其是互联网，都依赖于集成电路的存在。许多学者甚至认为，由集成电路带来的算力革命是人类历史上最重要的事件之一。

2. Windows 打开计算机软件蓬勃发展之门

在计算机硬件发展趋于平缓的时代，软件的发展迎来了一个新的高潮。20 世纪 80 年代初，布莱德·考克斯发明了 Objective-C，这是一种扩充 C 语言的面向对象编程语言。1983 年，C++诞生，它在 C 语言的基础上增加了面向对象的特性。1987 年，拉里·沃尔（Larry Wall）研发出了 Perl 语言，这是一种高级、通用、解释型、动态的编程语言。1990 年，荷兰的吉多·范罗苏姆基于 ABC 语言研发出了 Python 语言，它以其简洁明了的语法和强大的功能受到广大程序员的喜爱。

1975 年 1 月，一家位于美国新墨西哥州阿尔伯克基的小型电子元件供应商发布了一款前所未有的产品，《大众电子》杂志的封面上写道："独家发布！牵牛星 8800，有史以来功能最强的小型计算机项目，不到 400 美元即可拥有。"牵牛星 8800 以邮件形式销售散件，爱好者必须自己组装。尽管它的内存容量仅有 256 字节，只能以二进制代码的形式输入程序，没有配备显示器和键盘，但它仍然是之后两年中个人计算机行业发展壮大的主要推动力，充当了"引路人"的角色。

牵牛星 8800 的问世确实激发了包括比尔·盖茨和史蒂夫·乔布斯在内的众多创新者。盖茨为牵牛星编写了 BASIC 解释器，退学之后与保罗·艾伦共同创立了微软。微软的发展势不可挡，而盖茨也一度成为世界首富。乔布斯自小对电子产品充满热情，在 1975 年加入了家酿计算机俱乐部，并与史蒂夫·沃兹尼亚克于 1976 年共同成立了苹果公司。

个人计算机要想获得广大消费者的青睐，提高用户友好性是关键。当时流行的操作系统是微软开发的 MS-DOS，它源自 Unix，通过命令行界面与用户交互，这对于普通用户来说颇具挑战性。图形用户界面（GUI）因此被提出。1981年，施乐公司推出了具有革命性图形用户界面的施乐之星计算机，但由于其高昂的价格，并未在市场上取得预期的成功。乔布斯在参观了施乐帕洛阿尔托研究中心后，坚信下一代计算机必须具备图形化界面。1979年，苹果启动了麦金塔项目，并在1984年发布了麦金塔计算机。尽管麦金塔计算机未能成为市场的爆款，但其大胆简洁的设计和友好的图形界面加速了个人计算机的普及。与此同时，微软也在1981年9月启动了图形用户界面项目Windows，并于1985年11月发布了第一版。此时，图形用户界面已经被业界公认为个人计算机发展的重要方向，并持续影响着现代操作系统的设计。

3．互联网把全世界的计算机连接起来

随着图形用户界面（GUI）的出现，操作系统变得更加直观和易用。用户不再需要键入复杂的命令或深入了解计算机的内部工作原理；通过鼠标点击和图形界面的交互，人们可以轻松地使用计算机。这种易用性的提升使得个人计算机变得越来越受欢迎，并促使更多的人开始购买和使用计算机。随着个人计算机的普及，人们希望能够将全球的计算机网络统一到一个单一的系统中，实现计算机之间的连接和通信，以及自由地获取全世界的信息和知识。这一愿景可以追溯到20世纪30年代，当时的英国科普作家赫伯特·乔治·威尔斯提出了他的"世界百科全书"项目，设想一个能够接收、分类、总结、消化、澄清并比较知识和思想的中心。

这个愿景在现实中逐步实现，经过三十多年的思考和实践。1972年，麻省理工学院的博士拉里·罗伯茨在国际计算机通信大会上展示了他的研究成果——阿帕网（ARPANET），这是一个由四个节点组成的网络，它不仅能够执行数据库访问、气象模型运行、交互式图形探索等计算任务，还能用于娱乐，如空中交通模拟和国际象棋游戏。这次演示成为阿帕网和整个互联网发展的转折点。随后，收发电子邮件的需求推动了网络的发展，TCP/IP 协议的开发解决了电子邮件在不同网络之间传输的问题，实现了计算机之间的

互联互通。经过十多年的发展，接入网络的计算机数量逐渐增多，因特网（Internet）的雏形开始形成。

随着接入因特网的计算机数量的激增，如何从海量信息中找到所需内容成为一个新问题。超文本和因特网技术的结合为这个问题提供了解决方案。经过五年的探索，蒂姆·伯纳斯-李（Tim Berners-Lee）于 1989 年向欧洲核子研究中心提交了"万维网"（World Wide Web，WWW）的提案。万维网包括服务器端和客户端两部分：服务器将超文本文档（后来称为网页）发送给客户端计算机（通常是个人计算机或工作站），然后由客户端计算机显示在屏幕上。伯纳斯-李的万维网提案极大地促进了因特网上信息的组织和检索，使人们能够更加方便地访问和共享知识，这是现代互联网发展中的一个里程碑。

随着互联网技术的飞速发展，万维网逐渐步入了高速发展的轨道。在这一时期，通用的网络通信标准，特别是 TCP/IP 和 HTTP 协议，得到了广泛应用。得益于政府部门的强力支持，互联网开始逐步迈向商业化。浏览器市场也因此迎来了激烈的竞争。在互联网发展的初期，Mosaic 浏览器作为第一个广泛使用的网页浏览器，支持图片显示，为互联网的普及奠定了基础。随后，Mosaic 浏览器的开发者马克·安德森（Marc Andreessen）与美国硅图公司的创始人共同创立了网景公司（Netscape Communications）。他们推出的网景领航员（Netscape Navigator）浏览器在短时间内迅速崛起，市场份额超过 80%，成为当时市场的领导者。面对网景公司的成功，微软采取了相应的策略。首先，他们从 Spyglass 公司获得了使用 Mosaic 浏览器的技术授权。其次，微软基于这项技术授权"开发"了自己的 IE 浏览器。为了进一步提升 IE 浏览器的市场占有率，微软决定将其免费预装到 Windows 95 操作系统中。这一举措迅速提升了 IE 浏览器的市场份额，同时也使得 Mosaic 的授权费用降到了 Spyglass 公司的心理底线。

为规避潜在的法律纠纷，微软向 Spyglass 公司支付了总计 800 万美元的授权费用。然而，尽管付出了这一代价，微软仍因在 Windows 系统中捆绑

IE 浏览器的做法而长时间面临欧盟和美国司法部的反垄断诉讼。法庭认定，微软的这种做法阻碍了其他第三方浏览器在 Windows 平台上的发展。此外，诉讼文件还指出，微软涉嫌不正当竞争，当康柏公司决定在其计算机上预装网景领航员浏览器时，微软曾威胁要撤销对康柏公司的 Windows 授权许可。尽管微软的此举引发了一系列法律争端，但从整体上看，利大于弊。数据显示，在短短的三年内，微软 IE 浏览器逐渐侵占了网景领航员浏览器的市场份额。到 2002 年，IE 浏览器的市场份额达到了顶峰，接近 96%。在接下来的十年里，IE 浏览器一直稳居行业领先地位。

4. Wintel 联盟快速占领桌面端计算市场

20 世纪 80 年代末，IBM 面临着众多强劲对手的围攻，这些对手无一不是借助微软的操作系统和软件应用来挑战其市场地位的。在这一时期，从商业平台到个人计算，计算机运算及其相关软件应用市场的迅速扩张为互联网及其相关产业带来了巨大的发展机遇。随着软件应用的多元化，用户逐渐认识到个人计算机不应仅仅是一个固定的工作站，而应是一个便携、随身的"伙伴"。对于非办公用途，一台便携式的个人计算机更适合用于影音娱乐、展示个人风格，以及满足某种心理需求。

从历史视角来看，移动个人计算的起源可以追溯到入门级的计算器。个人计算机的"便携性"与 PC 组件（如显示器、软盘等）的"小型化"趋势密切相关。初期真正意义上的笔记本计算机，如惠普的 HP-110 和 HP-110 Plus，以及 GriD 的 Compass 1101，均配备了英特尔处理器，采用半哈壳式非背光 LCD 显示屏，可显示 4~8 行文本。尽管这些产品的售价高达 8000~10000 美元，但它们仍被视为"尊贵"的象征。同时，市场上还涌现出了许多低配置的廉价笔记本计算机，如爱普生的 HX-20、夏普的 PC-5000 和 Kyocera 的 Kyotronic 85，后者甚至被 Olivetti、Tandy 和 NEC 等品牌以贴牌形式销售。这些低端笔记本计算机的普及在很大程度上归功于用户对低功耗处理器的迫切需求，如英特尔于 1986 年推出的 386SL，它是 386 处理器的低功耗版本。

为了重新控制 PC 市场，IBM 在 1987 年 9 月推出了架构更先进的 PS/2 个人计算机。然而，当时许多厂商仍然坚持采用 Wintel 方案，而不是 IBM 的 PS/2。尽管如此，PS/2 的许多创新举措还是成为后续 PC 产业的标准。康柏公司在 1987 年 9 月推出了搭载 32 位处理器的 Compaq DeskPro 386 和 ALR Access，比 IBM 的 PS/2 早了 7 个月。这一举动使 IBM 在个人计算机领域的领导地位岌岌可危。微软公开表示对业界坚守 16 位架构的做法感到愤怒，那些试图取代 IBM 成为市场领袖的 OEM 厂商们突然发现这只是一个幻想。

1989 年 10 月，英特尔在全球范围内开展了代号为"Red X"的市场营销活动，旨在推动 32 位处理器在业界的普及。这一活动帮助英特尔卖出更多的 386 处理器，并迅速传递给用户一个信息——286 处理器已经过时了。同时，得益于此，英特尔的品牌价值得到了提升，为其成为市场领袖迈出了坚实的一步。通过"Red X"活动，英特尔发现它并不怎么需要辅助供应商，而且没有必要督促 x86 芯片制造商们抓紧生产各自的 386 处理器。或许是因为 386 处理器太抢手，谁来做都能大卖。尽管 AMD 在 1991 年 3 月至同年年底共卖出了 200 万颗 Am386 处理器，累计进账 2 亿美元，一举拿下了 14% 的市场份额。然而，英特尔的 386 处理器用了 4 年半的时间才拿下了 25% 的市场份额。奔腾处理器的到来再次拉大了其他处理器厂商与英特尔之间的差距，而且通过采用型号名称受版权保护的方式大大提升了品牌知名度。继"Red X"之后，英特尔又在全球范围内开展了旷日持久的"Intel Inside"市场营销活动。得益于此，英特尔的品牌标志似乎变成了一个常用的标识符号。

当英特尔涉足主机板业务时，其在广告投放上的预算却非常小。英特尔的加入让主机板领域面临洗牌，数以百计的主板厂商被淘汰出局，只留下了为数不多的原始设备制造厂商，主机板的品质得到了整体提升。此举过后，很多客户在选定处理器时，开始优先考虑主机板原始设备制造厂商了。眼看着 Wintel 联盟风生水起，苹果、IBM 以及摩托罗拉终于坐不住了，联合成立了 AIM 联盟，并于 1991 年 7 月推出了一款商用级处理器——PowerPC RISC，旨在与 Wintel 的 x86 相抗衡。而老到的 IBM 没有把自己的未来押宝于此，而是两面投机——于同年 11 月与英特尔一起成立了一家开发处理器的合资公司。1984—1996 年，英特尔主导了 PC 硬件行业，微软则牢牢控制住了软件领域。当这两个密不可分的行业巨头结合到一起时，形成了强大的 Wintel 联盟——推动 Windows 操作系统在基于英特尔 CPU 的 PC 上运行。自此，Wintel 联盟制定的一些技术规范成为 PC 产业事实上的标准，该联盟也因此在全球 PC 产业中形成了所谓的"双寡头垄断"格局。

5．安迪—比尔定律将计算机由耐用消费品变为消耗品

摩尔定律为计算机消费者带来了一个希望：如果目前计算机的价格显得过高以至于难以承担，或许耐心等待 18 个月，就能以亲民的价格购买到。然而，如果这种价格下降真的如此简单且可预测，那么计算机的销售量将无法实现增长。潜在买家可能会选择推迟购买，而已有计算机的用户也会缺乏升级的动力，这一趋势同样适用于其他 IT 产品。尽管如此，在过去的 20 年里，全球 PC 的销量并未停滞，而是持续增长的。英特尔于 2004 年预估，接下来五年内，全球 PC 销量将实现 60%的增长，这远远超出了经济增长率。

在这种现象背后，推动人们不断更新硬件的动力是什么呢？业界将此归结为安迪—比尔定律——比尔·盖茨将取得安迪·格鲁夫所提供的一切（"What Andy gives, Bill takes away."）。"Andy"是英特尔公司的前 CEO 安迪·格鲁夫，"Bill"则是微软的创始人比尔·盖茨。20 年间，英特尔处理器性能每 18 个月翻一番，而内存和硬盘容量的增长速度更为迅猛。但与此同时，微软的操作系统和应用软件却变得越来越庞大，对资源的需求也日益增加。因此，尽管当今的计算机比 10 年前快了 100 倍，但运行现代软件的体验似乎并没有显著改善。例如，Windows 操作系统从十几兆的大小膨胀到

如今的数千兆，应用软件亦然。新软件版本的功能虽有所增强，但与其体积的增长并不成正比。因而，尽管硬盘容量增加了千倍，但用户发现，即使是10年前的计算机所能装载的应用数量，与现在的计算机相当。更糟糕的是，不更新硬件可能导致许多新款软件无法运行，甚至上网都会成问题，这与汽车等耐用品相比，后者即使经过多年仍可使用。

软件开发商如微软往往充分利用硬件性能的提升，促使用户更新他们的设备，这对惠普、戴尔等整机生产商是有利的。这些制造商向英特尔这样的半导体公司及希捷等外设制造商订购新的芯片和外设，由此产生的利润进一步推动了相关公司股价的上涨。随后，半导体和外设公司将部分利润重新投入研发，按照摩尔定律的步伐提升硬件性能，并为微软的下一轮软件更新做好准备。如果微软的开发进度慢于预期，或者软件业绩不佳，那么投资者可能会避免购入英特尔等公司的股票。对于消费者而言，购买一台功能良好的计算机的成本与10年前大致相同，如果不是因为"中国制造"带来的成本降低效应，考虑到通货膨胀，价格实际上可能略有上涨。虽然如此，微软和其他软件开发商在利用大部分硬件性能提升的同时，也为消费者带来了一些新功能和更佳的体验。安迪—比尔定律将计算机和手机等原本属于耐用消费品的商品转变为消耗品，进而激发了整个IT行业的快速发展。

6. 苹果推出智能手机与移动互联网时代的革命性产品

随着个人计算机技术的不断成熟，我们见证了其性能的显著提升和体积的大幅缩减，使得便携性成为设计新方向。20世纪90年代初期，微处理器技术的进步、存储芯片容量的增大，以及液晶显示屏的改进，共同促成了经济实惠的翻盖式膝上计算机的诞生。IBM、康柏等制造商的产品逐年变得更轻薄、功能更全面。2008年1月16日，在国际消费电子展落幕不久后，比尔·盖茨宣布退出微软。在同一天的MacWorld大会上，乔布斯戏剧性地从标准信封中抽出了MacBook Air。这款设备摒弃了CD驱动器和许多传统端口，引入了多点触控板和固态硬盘，同时配备了USB 2.0接口、微型DVI

接口和耳机插孔。其极简设计和精湛工艺让人惊叹，预示着笔记本计算机新时代的到来。那一幕，也成了苹果乃至整个计算机行业的历史性时刻。

随后，iOS 和 Android 的出现彻底改变了移动操作系统的格局。2007 年，iPhone 面市，以其革新性的用户体验和充满活力的应用生态系统迅速占据手机市场的中心舞台。谷歌于 2005 年收购了 Android 公司并保留了安卓品牌，其开源和无版权费用的特性吸引了大量企业和用户转向 Android 平台。进入新世纪，不仅计算硬件经历了革命性的发展，软件领域的变革同样令人瞩目。2004 年，"Web 2.0"概念深入人心，用户不仅是网站内容的浏览者，也成为内容的创造者。社交网络成为 Web 2.0 中改变生活的最大力量，人们每天花费数小时在社交网络上。众多社交网络公司相继崛起，如 Friendster、MySpace、脸书、推特、微信、抖音等。截至 2023 年第四季度，脸书的月活跃用户（MAU）量达到了 30.65 亿，成为全球最活跃的社交网络平台之一。

7. 算力下沉带来社会经济生活的多维变革

随着小型化计算设备和移动智能技术的飞速发展，算力资源已广泛渗透至我们社会与经济生活的方方面面。在移动互联网时代背景下，移动设备的广泛普及配合先进的网络技术，实现了算力的空前扩散与升级。如今，计算能力不再局限于庞大的主机，而是转移到了个体手中的微型化、多功能设备上，消除了地理与时间的约束。这种算力向广大个体转移的现象，不仅为我们的日常生活与工作带来了极大的便利，而且加速了数字化转型的步伐，对社会经济结构产生了重大影响。

普适算力得以通过如卫星计算机、智能手机、平板计算机等高效智能设备，提供给用户更加智能化、高效率和便捷的体验，满足了人们对科技与生活紧密结合的渴望。这些智能设备拥有高级计算和数据处理能力，能迅速完成各种操作，运行多样的应用程序及游戏，并实现智能排序、推荐等功能，轻松应对复杂的计算任务和图像处理，从而显著提升了用户体验。例如，在摄影方面，智能高动态光照渲染技术和美颜功能借助分布式算力，分别实现了在不同曝光条件下的照片合成，以及基于面部识别的皮肤和色彩优化，使照片看起来更加美观自然。

此外，普适算力的发展同国家的市场规模及人口规模紧密相连，它加速了与不同行业应用场景的深度整合。在医疗领域内，算力不仅提高了基层医疗机构医学影像的处理能力，增加了诊断的准确性和效率，还缓解了大型医院的就医压力，并为个人提供了更多样化的健康管理选项，使人们能够更加主动地关注和管理自身健康。在金融领域，算力的应用极大地提升了金融服务的可获取性与效率，推动了包容型金融的进步。移动支付、在线投资等新兴金融服务的兴起，为小微型企业和个人投资者开辟了更为便捷的融资和投资途径。

（三）算力 3.0：基础设施算力（21 世纪 10 年代）

随着 21 世纪的到来，计算能力经历了一次重大转型，这一转型的核心是云计算技术的兴起。云计算代表了亚马逊、谷歌、阿里巴巴等互联网巨擘在分布式计算领域的创新和探索。其核心理念在于将分散的计算资源进行集成和管理，以此提供更加可靠、高效和成本效益的算力服务。随着计算能力的云端化，数据中心演变成了算力的主要平台，标志着计算能力从分布式逐渐过渡到集中式基础设施。这促进了人类计算能力规模的飞速增长，开启了一个新的时代。

1. 云计算以集中式算力服务软件产业开拓边界

云计算的历史可追溯到 1965 年，当时"虚拟化"概念的出现，为云计算的发展奠定了基础。然而，由于技术限制，虚拟化和云计算仅停留在概念和畅想阶段。进入 20 世纪 90 年代，随着计算机技术的迅猛发展和以思科为代表的公司崛起，云计算逐渐崭露头角。

在云计算兴起之前，大多数企业依赖于自行采购硬件和租用互联网数据中心机房来构建互联网技术基础设施。这涉及服务器、机柜、带宽、交换机、网络配置、软件安装和虚拟化等底层事项，通常需要专业人士负责，且调整周期较长。许多研发负责人都有过等待服务器到位的经历，这凸显了当时互联网技术基础设施构建方式的局限性。随着互联网的快速发展，用户方便快捷地使用网络服务成为迫切需求。同时，大型公司开始投入研发大型计算能力的技术，为用户提供更强大的计算处理服务。这些技术和服务的发展为云计算的兴起奠定了基础，推动了云计算的快速发展和广泛应用。

2006 年在科技历史长河中熠熠生辉，因为在这一年，云计算的概念首次被提及并引起了业界的广泛关注。在那一年的搜索引擎大会（SES San Jose 2006）上，谷歌首席执行官（Chief Executive Officer，CEO）埃里克·施密特（Eric Schmidt）站在台上，他的声音洪亮而清晰，向全世界宣告了"云计算"（Cloud Computing）的到来。同一时期，亚马逊公司凭借前瞻性的市场洞察，推出了基础设施即服务平台 AWS。尽管当时甲骨文公司的掌门人拉里·埃里森（Larry Ellison）在社交软件上对此冷嘲热讽，认为这只是一时的潮流，然而仅仅四年后，他也不得不宣布加入云战略的大军，向这片新兴市场进军。云计算行业的开端其实并不容易精确定义。虽然 2006 年标志着"云计算"概念的诞生，但整个行业真正的繁荣和兴起要等到 2008 年。这一年，国内云计算的标杆阿里云也开始筹办和起步，预示着中国在这一领域的崛起和贡献。

亚马逊的 AWS 服务凭借其先发优势和持续创新，在云计算市场中脱颖而出。他们不仅成功地把旗帜插上了新大陆，还初步构建了涵盖基础设施即服务、平台即服务的完整产品体系，从而确立了在全球云服务领域的领导地位。2009 年，当金融危机席卷全球时，美国 Salesforce 公司却传来了好消息。他们公布的 2008 财年年度报告显示，公司的云服务收入超过了 10 亿美元。这一数字不仅证明了云计算的商业价值和市场潜力，更让云计算成为计算机领域中最受瞩目的话题之一。各大互联网公司纷纷将云计算纳入发展研究的重要方向，以期在新一轮的技术变革中抢占先机。回顾这段历史，我们可以清晰地看到云计算从概念到实践的演变过程，以及各大公司在这一领域中的竞争与合作。从谷歌提出云计算概念，到亚马逊推出 AWS 服务，再到 Salesforce 公司云服务收入突破 10 亿美元，每一步都见证了云计算行业的快速发展和巨大变革。而未来，随着技术的不断进步和市场的不断扩大，云计算将继续引领着科技行业的发展方向。

在随后的几年里，全球领先的科技供应商纷纷涌入云市场，形成了 IBM、VMWare、微软和 AT&T 等强大的第二梯队。微软在 2010 年左右加入这场竞争，但其掌门人史蒂夫·鲍尔默（Steve Ballmer）的反应相对迟缓。然而，谷歌在 2011 年果断转型并推出了 GCP（Google Cloud Platform），正式加入了公有云市场的激烈角逐。随着竞争的加剧，2016—2017 年成了云市场的关键时刻。微软云服务与企业部的执行副总裁及 GCP 的客户总裁纷纷表示，"价格战"已不再是竞争的核心，取而代之的是"价值战"。这意味着，各大供应商开始将焦点从单纯的价格优势转向为客户提供更高的价值和更优质的服务。

与此同时，为了巩固自身地位并扩大市场份额，大型科技公司开始鲸吞小型势力。在经济动荡的 2018 年，云领域见证了众多的合并与收购。IBM 以高达 340 亿美元的价格收购了红帽（Red Hat），其 CEO 罗睿兰（Ginni Rometty）宣称这一收购将打破现有格局，彻底改变云市场的面貌。微软则以 75 亿美元的价格收购了 GitHub，将其开源优势与自身的基础设施即服务领域相结合。Salesforce 则斥资 65 亿美元收购了云服务公司 MuleSoft，后者拥有 1200 多家客户，其中 45% 是全球 500 强企业。尽管亚马逊在市场份额上仍保持着领先地位，但随着竞争对手的不断壮大和招兵买马，其优势逐渐缩小。各大供应商之间的竞争愈发激烈，云市场迎来一个充满变革和机遇的新时代。

2. 集约化基础设施算力将逐步成为算力资源统筹调度枢纽

信息时代的未来充满了无限的可能性和机遇，其中，云计算、大数据、人工智能、物联网、量子计算、量子通信等技术将发挥至关重要的作用。作为现阶段信息技术的基石，云计算、大数据和物联网已经深入应用到各个行业和领域，成为推动数字化转型和促进经济发展的重要力量。随着云计算的日益成熟，它正在变得像水、电一样自然而然，深入到各个领域的日常运营中。2023 年，云服务已经成为商业主流，以软件、服务和应用为核心的厂商正在掠夺更多的市场份额，成为互联网市场的主导力量。这一变革不仅推动了新一轮的互联网技术革新，更是让我们站在了时代变革的转折点上，迎接 5G 时代下万物互联的星辰大海。

随着云计算算力需求的持续攀升，集约化基础设施算力成为算力资源统筹调度的重要枢纽。这种集约化的算力基础设施通过提供高效、可靠和灵活的算力服务，满足了各种行业和领域的需求。其优势在于可以提供大规模、高效率的算力资源，并根据不同需求进行灵活调度和分配；同时，通过技术手段实现算力的监测、管理和优化，确保算力资源的充分利用和高效运行。这种集约化基础设施算力的应用将大大提高算力资源的利用效率，减少资源浪费，降低使用成本。

随着技术的不断进步和应用的不断深化，集约化基础设施算力将在更多领域得到应用和推广。在人工智能领域，集约化基础设施算力为人工智能模型训练提供强大支持，推动人工智能技术的快速发展和应用。在金融领域，集约化基础设施算力为金融交易提供高速、高效的算力服务，提高金融交易的效率和安全性。在医疗领域，集约化基础设施算力为医疗影像处理提供强大支持，提高医疗诊断的准确性和效率。在此背景下，云计算、大数据、物联网等领域也将加速蓬勃发展，为数字化转型和促进经济发展做出更大贡献。我们期待着这些技术不断创新和突破，共同推动信息时代的未来发展。

（四）算力 4.0：人工智能和量子计算开启新型算力时代

人工智能（Artificial Intelligence，AI）确实已成为当今时代的一项革命性技术，它不仅仅是对人类智能的简单模拟，更是对人类智能的延伸和扩展。作为计算机科学的一个分支，AI 专注于开发和应用能够模拟、学习、推理、感知、理解和交流的系统，从而实现机器的智能行为。被誉为"人工智能之父"的约翰·麦卡锡在 1956 年首次提出"人工智能"这一术语时，他将其定义为"制造智能机器的科学与工程，特别是智能计算机程序"。这一定义捕捉到了 AI 的核心目标，即构建能够像人类一样思考、学习和解决问题的机器。自 AI 概念提出以来，这项技术已经经历了 70 多年的发展。在这段时间里，AI 技术经历了多次起伏，但随着计算能力的增强、算法的优化以及数据的爆炸式增长，AI 技术得以快速发展和迭代。特别是近年来，得益于深度学习、强化学习等先进算法的发展，AI 在语音识别、图像识别、自然语言处理等领域取得了突破性的进展。AI 的应用已经渗透到我们生活的方方面面，从智能手机、智能家居到自动驾驶汽车、医疗诊断等，都离不开 AI 技术的支持。随着技术的不断进步，AI 将在未来发挥更加重要的作用，在算力、算法、算据三大要素螺旋式推动下快速迭代发展。

1. 人工智能的"三起两落"

自阿兰·图灵在 1950 年提出"机器能思考吗"这一深刻命题以来，人工智能的概念与可能性便激发了全球范围内科学家与研究者的广泛兴趣与深入探索。随后，1956 年在美国达特茅斯学院举办的会议上，人工智能这一术语首次被明确提出，这次会议亦被公认为人工智能学科的诞生之地。在人工智能的发展历程中，它经历了数次兴衰的周期。每一次技术的兴起，都伴随着底层算法的重大突破，如神经网络、深度学习等技术的发展，为人工智能提供了新的动力与可能性。然而，历次技术的衰落，又常常受限于当时数据处理的能力和计算资源的局限。在这些阶段，尽管人工智能在理论上取得了显著的进展，但由于技术成熟度和商业可行性的不足，其实际应用和落地常常受到阻碍，发展因此一度停滞。尽管如此，随着技术的不断进步，特别是近年来计算能力的提升、数据资源的丰富及算法的优化，人工智能已经开始在多个领域展现出强大的应用潜力。无论是智能语音识别、自然语言处理，还是图像识别、自动驾驶等领域，人工智能都取得了令人瞩目的成就。人工智能发展历程见图 1-6 和图 1-7。

图 1-6 人工智能发展历程

（内容来源：赛迪智库整理，2023 年 11 月）

早期萌芽与首次寒冬（20 世纪 50—80 年代）：这一时期，人工智能经历了从概念提出到初步应用的过程，同时也暴露出了一些限制和挑战。1956 年，奥利弗·萨尔夫瑞德研制出第一个字符识别程序，这标志着模式识别这一新领域的开辟。随后，约翰·麦卡锡提出了"纳谏者"程序构想，将逻辑学引入了 AI 研究界。这一时期，搜索式推理成为许多人工智能程序使用的基本算法。1962 年，世界上首款工业机器人"尤尼梅特"在通用汽车公司的装配线上服役，这显示了人工智能在工业领域的初步应用。1966 年，麻省理工学院发布了世界上第一个聊天机器人 Eliza，"她"能够通过脚本理解简单的自然语言，并产生类似人类的互动。同期，美国斯坦福国际研究所研制了移动式机器人 Shakey，并为控制机器人开发了 STRIPS 系统。Shakey 是首台采用了人工智能技术的移动机器人，它的出现引发了人工智能早期工作的大爆炸。

然而，受限于计算能力的严重不足，人工智能迎来了首个寒冬。早期的人工智能大多是通过固定指令来执行特定问题的，并不具备真正的学习和思考能力。当问题变得复杂时，人工智能程序往往无法应对。在第一波人工智能浪潮中，占据主导地位的思想是逻辑主义，即引入符号方法进行语义处理、将待研究和解决的问题转化为可以用计算机处理的符号，运用逻辑公式进行解答，从而实现人机互动。然而，由于算力性能及可获取的数据量的限制，当时的人工智能只能完成玩具式的简单任务，仅在定理证明等特定领域取得了成功。这一时期的成就虽然有限，但为人工智能后续的发展奠定了重要的基础。随着技术的不断进步和算力的提升，人工智能有望在更多领域取得突破性的进展。

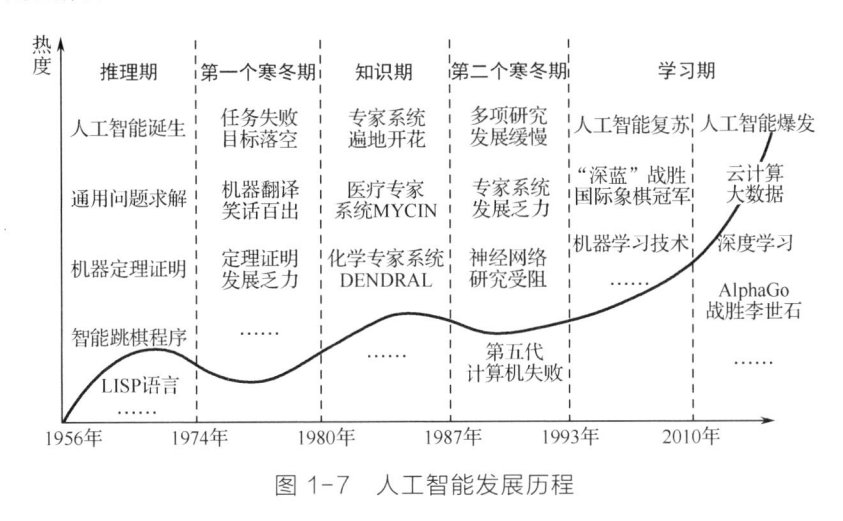

图 1-7 人工智能发展历程

（内容来源：赛迪智库整理，2023 年 11 月）

沉淀积累与二次寒冬（20 世纪 80—90 年代）：这一时期，虽然有一些重要的进展和突破，但人工智能的发展也面临着一些挑战和限制。20 世纪 70 年代初，斯坦福大学研制出了 MYCIN 系统，这是人工智能的早期模拟决策系统之一。该系统用于严重感染时的感染诊断以及抗生素推荐，显示了人工智能在医学领域的初步应用。随后，20 世纪 80 年代，一类名为"专家系统"的人工智能程序开始被全世界的公司广泛采纳。这些系统基于知识库和知识工程，通过模拟专家的决策过程来解决复杂的问题。

然而，研究人员很快发现专家系统的通用性较差，没有与概率论、神经网络等其他技术进行有效整合，因此不具备自学能力。此外，随着规则数量的增加，维护专家系统变得越来越复杂。尽管知识导入使得计算机在某些方面变得更聪明，但知识的描述和输入却变得越来越复杂和困难。人们发现，知识的输入是无穷无尽的，而如何有效地表示和利用这些知识成为一项巨大的挑战。因此，1995年左右，人工智能研究再次迎来了寒冬。这一时期的研究虽然积累了一些宝贵的经验和知识，但也暴露出了一些关键的问题和挑战。随着技术的不断进步和研究的深入，人工智能领域逐渐走出寒冬，并迎来新的发展机遇。

起飞破圈（21世纪以来）：自21世纪以来，人工智能领域迎来了飞速发展，这主要得益于计算机算力性能的不断提升和先进算法的涌现。20世纪90年代，随着摩尔定律的推进，计算机算力性能不断突破，为人工智能的发展奠定了坚实的基础。1997年，IBM的"深蓝"计算机战胜国际象棋世界冠军卡斯帕罗夫，这一里程碑式的事件展示了人工智能在复杂决策领域的潜力。然而，人工智能产业真正的爆发源自2012年，当时AlexNet模型的问世开启了卷积神经网络在图像识别领域的广泛应用。仅仅过了三年，机器识别图像的准确率就首次超过了人类(错误率低于4%)，这一突破开启了计算机视觉技术在各行各业的应用，极大地推动了人工智能的创新周期。

2016年，AlphaGo打败人类顶尖棋手李世石，再次证明了人工智能在复杂决策领域的强大能力，同时也开启了人工智能发展的新纪元。此后，人工智能技术在各个领域都取得了显著的进展，包括自然语言处理、语音识别、推荐系统等。值得一提的是，2017年Google Brain团队提出的Transformer架构，为自然语言学习和计算机视觉领域奠定了主流算法基础。这一架构的提出极大地推动了人工智能技术的发展，成为人工智能领域的重要里程碑。

自2018年开始，大模型迅速流行，并成为人工智能发展的重要趋势。随着模型参数的指数级增长和计算能力的高速提升，模型的精准度和泛化能力不断提高，使得人工智能技术在更多领域得到了广泛应用。当前，人工智能已经进入快速发展新阶段，在医疗、教育、金融、交通等各个领域的应用都在不断拓展和深化。未来，随着技术的不断进步和应用场景的不断拓展，人工智能有望为人类社会带来更加深远的变革和影响。

2. 在算力、算法、算据螺旋式推动下，人工智能开启未来"普慧"算力时代

自 2022 年年底以来，美国人工智能公司 OpenAI 发布的聊天机器人 ChatGPT 引发了全球范围内的关注。高度的自然语言理解能力、高效的信息获取能力以及智能化应答能力，使 ChatGPT 迅速成为公众关注的焦点。这一成就的背后，是大模型技术以海量高质量数据和超强算力为基础所实现的"大力出奇迹"。大模型技术所展示出的"无师自通"的智能"涌现"能力和一定的通用性，不仅颠覆了现有的内容生产模式，还创造了具有独特价值的内容，为各行业应用创新提供了强大的推动力。在超强算力、巨量算法、海量数据的共同支撑下，人工智能技术创新和产业发展正在进入快车道，标志着算力 4.0 时代的开启。

然而，随着摩尔定律逐渐趋近其物理极限，算力危机显现。在这一背景下，量子计算作为一种颠覆性的计算体系，为我们提供了突破当前经典计算机物理局限的可能性。量子计算有望使算力获得指数级别的增长，因此被看作是下一个算力时代的"星辰大海"。与此同时，人工智能大模型技术正在以惊人的速度演进，英伟达等科技巨头通过算法开源构建生态和技术护城河，使得"马太效应"在人工智能领域愈发凸显。大模型的迭代反馈机制决定了在这一领域中，先发优势至关重要。因此，在大模型时代，强者愈强，对于技术的投入和攻关显得尤为重要。

为了应对这一挑战，我们需要聚焦技术层面，以技术攻关为目的，打造具有代表性的通用基础大模型。同时，我们还需要关注垂直领域的问题，以产品开发为目的，在通用大模型的基础上训练行业专用模型，以推动行业应用的深入发展。在这一过程中，确保数据安全和隐私保护同样不可忽视。人工智能大模型技术的发展为我们带来了前所未有的机遇和挑战。我们需要继续加大投入和研发力度，推动技术不断创新和突破，以应对算力危机和市场竞争的双重压力。同时，我们还需要关注技术应用的伦理和社会责任问题，确保人工智能技术的发展能够真正造福人类社会。

CHAPTER 2 第二章
算力、算据、算法三要素螺旋式上升,推动经济社会高速发展

当前信息社会，算力代表信息处理能力，算据是信息处理对象，算法是信息处理方式。随着场景的多样化和算据的激增，各传统领域数字化解决方案横空出世，加速传统行业数字化转型进程，为千行百业注入发展新动能。算力、算据、算法三要素相互耦合、螺旋式上升，推动社会经济加速发展。

第一节　算力：服务实体经济发展的新型劳动工具

算力，作为新时代的核心生产力，正日益成为驱动经济社会数字化转型的新引擎和全球战略竞争的新焦点。在数字经济时代，算力集信息计算力、数据存储力、网络运载力于一体，展现出多元泛在、智能敏捷、安全可靠、绿色低碳的发展趋势。它不仅是科技创新的重要赋能者，也是推动产业转型升级、满足人民美好生活需要的新动能。

算力基础设施，作为提供不同类型算力的关键所在，其重要性不言而喻。其概念源于多个方面：提供算力资源的实体如数据中心和超算中心，政策文件中出现的新型计算中心如算力基础设施和一体化大数据中心，以及技术融合带来的云计算、大数据、人工智能等新技术的发展。这些因素共同推动了传统数据中心的技术变革，使其成为技术创新的制高点和技术密集型产业。算力基础设施在狭义上主要指提供算力资源的基础设施，包括底层设施、算力资源、管理平台和应用服务等。它通过管理平台实现跨区域、跨领域、跨部门协作，满足我国科技创新、产业升级和人民智慧生活的需求。而在广义上，算力基础设施则涵盖集算力生产、算力传输和互联网技术服务为一体的信息与通信技术（Information and Communications Technology，ICT）服务，更全面地满足经济社会数字化转型对算力多元化供给、普惠化使用、便捷化连接的需求。

算力基础设施作为新基建的核心组成部分，对我国数字经济发展的支撑意义重大。它不仅支撑传统基础设施的转型升级和融合基础设施的形成，还通过支持科学研究、技术开发和产品研制，推动创新基础设施的落地建设和创新发展。在社会数字化转型方面，算力发挥着至关重要的作用。通过大数据分析、云计算等技术手段，企业可以实现数据化管理和运营，提高生产效率和产品质量。算力是智能制造自动化和精细化的底层支撑，能够实现对生产过程的精确控制和优化管理，从而提高产品质量和生产效率。算力作为新时代的核心生产力，正推动着经济社会数字化转型的步伐。算力基础设施的建设和发展将成为未来竞争的关键所在，对于支撑我国数字经济发展、提升生产效率和服务质量具有重要意义。

第二节 算据：数据要素时代的关键劳动对象

数据，因其具象性强的特点，蕴含着丰富的信息内容。以特斯拉为例，其在自动驾驶领域积累的大量数据为其技术的持续优化提供了坚实的基础。同样，科大讯飞在智慧教育领域所拥有的题库数据也为其智慧教育产品的创新提供了源源不断的动力。然而，原始的数据并不能直接为算法所利用。算据，作为经过预处理的数据，是数据向信息转化的关键，也是实现信息化、数字化、智能化的基石。它经过清洗、整合、标注等处理，使得数据更加规范、有序，更易于被算法所吸收和利用。

以人工智能大模型为代表的算法，其迭代演进的过程离不开算据的支持。算法的持续优化和效率提升，都需要通过不断地吸收新的算据来实现。算据为算法提供了学习和优化的基础，通过不断地吸收算据，算法可以不断地调整自身的参数和模型，从而提高预测的准确性和效率。同时，算据还能为算法提供反馈和指导。通过对算据的深入分析和挖掘，我们可以发现算法的优点和不足，进而对算法进行针对性的优化和改进。此外，算据的多样性和鲁棒性也能增加算法的适应性和可靠性。通过引入不同类型和来源的算据，我们可以增强算法的多样性和鲁棒性，使其能够更好地应对复杂多变的问题。展望未来，随着智能化技术的不断发展和传感技术信息采集能力的提升，以及政府、企业、行业间数据的互通互联，算据将成为推动社会经济高质量发展的关键劳动对象。海量的算据分析和学习将极大地加快算法的迭代演进速度,提升数字化的成效,为推动社会经济的持续健康发展提供强大的动力。

第三节 算法:解决应用问题的模型化方案

算法作为计算机科学中的基石,是解决各类问题的核心步骤和过程。算力,作为算法实现和优化的关键因素,其重要性不言而喻。在算法不断迭代演进的过程中,算力的提升起到了至关重要的作用。算法的迭代演进,意味着不断地优化和改进算法,以追求更好的效果和更高的效率。这一过程需要大量的计算和数据处理,而算力的增强能够显著提高计算和数据处理的效率,从而加速算法的演进速度。随着计算机技术的飞速发展,算法的复杂度和难度也在逐步增加。算力的提升为我们提供了更强大的计算能力,使得实现更加复杂的算法成为可能。例如,在人工智能领域,深度学习算法对计算资源的需求极大,而算力的增强为深度学习算法的实现提供了坚实的支持,推动了算法的进一步发展。

此外,算力的提升还能促进算法的应用落地。将算法应用到实际场景中,解决实际问题,是算法的最终目的。在算法应用落地的过程中,高效、稳定、可靠的计算和数据处理能力是必不可少的,算力的增强恰好提供了这样的能力。随着技术的不断进步,我们有理由相信,算力的持续增强将为算法的发展和应用带来更多的可能性和机遇。

第四节 算力与经济相生相连

在数字经济时代,算力已成为关键的生产力要素,对于挖掘数据价值、推动数字经济发展起到了核心支撑和驱动作用。随着大算力的驱动,模型不断迭代演进，结合数据作为关键原料，为各行业的数字化转型提供了精准解决方案。算力基础设施的建设无疑需要大量的资本投入，但这正是推动经济高质量发展的重要一环。与此同时，数据要素的经济价值正在持续扩大，与算法的发展形成互补和协同，共同推动经济的增长。算力资本与传统资本的融合，产生了大量的经济活动，进一步推动了数字经济的发展。

在全球经济低迷、贸易冲突加剧的背景下，算力基础设施的双重属性——固定资产投资和数字基础设施，为我国经济的高质量发展提供了有力支撑。短期内，算力基础设施可以发挥固定资产投资的"逆周期"调节作用，助力稳定投资、扩大内需，缓解经济下行压力。长期来看，算力基础设施的建设将促进数字基础设施的发展，有助于实现供给侧结构性改革，推动新旧动能转换、经济增长方式转型，从而实现经济的高质量发展。

算力基础设施作为数字经济时代的关键要素，将为我国经济的高质量发展提供强大的动力和支持。我们应该充分认识到算力基础设施的重要性，加大投入，加快建设，为数字经济的蓬勃发展打下坚实的基础。

第二篇
算力经济：数字经济演进升级的新阶段

算力是数字经济的磅礴引擎和重要驱动，算力、算据、算法的深度融合铸就了生产力的崭新面貌与飞跃突破，共同成就了算力经济时代的崛起。

算力经济作为一种独特的经济范式，既不同于金融经济、文创经济等以特定行业为核心的经济形态，也不同于老龄化经济、移民经济等以社会特征命名的经济形态。算力经济将算力作为生产力的典型代表置于核心位置，强调了数字化生产力在经济发展和创造价值增量中的关键驱动作用，以及如何通过算力驱动实体经济的质量变革、效率变革、动力变革和生产方式变革。

算力经济与数字经济既密切联系、相互交织，又有所区别、各有侧重。算力经济是数字经济发展演进升级的重要阶段和关键节点，也是数字经济的核心组成部分和最具发展动能的典型代表。在现代化经济体系中，算力经济扮演着举足轻重的角色，它不仅驱动着实体经济的增长，还催生了全新的商业模式和产业变革。这些特征让算力经济为现代化经济体系的发展提供了新的思路和路径，也为数字经济的演进升级注入了新的活力和动力。

在本篇中，我们将从深层次探索算力经济与数字经济的联系与区别，探讨算力经济在数字经济的演进升级中所扮演的重要角色，为读者理解算力经济何以成为生产力重塑和产业竞争决胜局的底层观察视角。在算力经济的激发下，数字经济正迎来令人振奋的新篇章。

CHAPTER 3 第三章
算力经济的概念和体系构成

算力经济是以算力、算据、算法为生产要素，以算力网络为载体，以计算硬件技术、计算架构技术、数据存储与交互技术、网络技术等为支撑技术，通过计算技术演进、产业革新和赋能效应跃迁带动市场主体组织模式革新、产业升级、经济结构优化的系列经济活动的统称，囊括了算力基础设施、计算产业、算力赋能行业高质量发展、算力治理等多个环节（见图3-1）。

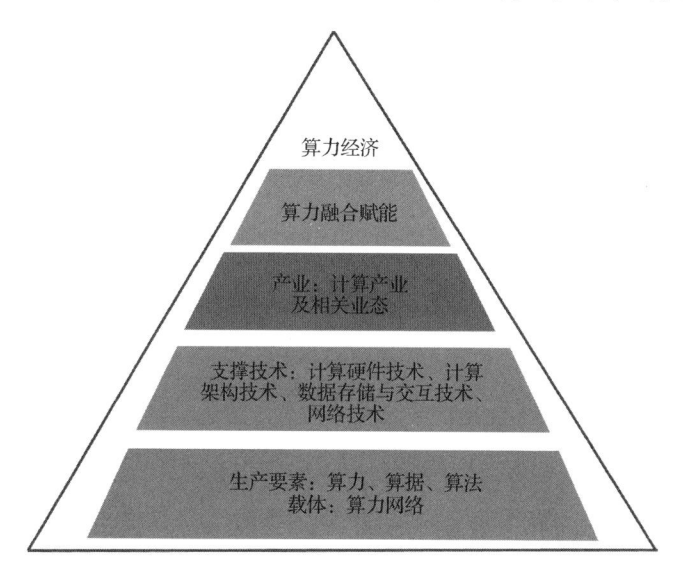

图3-1 算力经济结构图

（内容来源：赛迪智库整理，2023年11月）

算力经济具有重要的内在意义，因为它与数字化时代的生产方式、产业结构、竞争格局等密切相关。

提高生产效率：算力经济的发展可以促进生产效率的提升。通过引入先进的计算技术和高效的数据处理能力，可以提高生产流程的自动化程度和智能化水平，降低人工成本和资源浪费，实现更高效的生产。

推动产业升级：算力经济的发展可以促进产业结构的升级和优化。通过算力技术的创新和应用，可以推动传统产业的数字化转型和智能化升级，培育新兴产业的发展，提高产业附加值和竞争力。

增强创新能力：算力经济的发展可以促进创新能力的提升。通过算力技术和数据的支持，可以推动科学研究、技术创新、产品开发等方面的进步，激发创新思维和创业活力，实现更多的创新成果和价值创造。

促进竞争合作：算力经济的发展可以促进竞争与合作的平衡。在数字化时代，算力技术和数据的共享和开放成为趋势，这有助于企业之间的合作和协同，形成互利共赢的局面，同时可以促进创新能力和竞争力的提升。

推动经济增长：算力经济的发展可以推动经济的增长。在数字化时代，算力技术和数据已经成为重要的生产要素和资源，通过算力技术的创新和应用，可以提高生产力和经济效益，为经济增长提供新的动力和支撑。

CHAPTER 4

第四章
算力经济和数字经济的
关联与区别

算力经济的概念脱胎和延伸自数字经济，并在此基础上有所演进，发展出独特的经济逻辑和内涵。数字经济侧重于信息传递和数字化，在此阶段，信息技术的应用主要集中在数据的收集和处理上。而随着计算机技术和人工智能的迅速发展，算力经济崭露头角，它在数字经济的基础上，通过计算、人工智能等产业更深层次地挖掘数据价值，并将这些产业融合，从而构建起庞大的计算产业生态系统。算力经济强调以计算产业生态系统为核心，以其复杂高效的技术能力架构为手段方式，实现生产和服务的升级，为实体经济带来全新的增长动力和竞争优势。

关联一：以计算技术为主导的底层驱动。

从核心驱动力量看，在算力经济和数字经济中，技术驱动是促使两种经济形态发挥作用的关键力量。数字经济的技术驱动力是数字技术，包括互联网、移动通信、大数据等，这些技术推动了数字经济的快速发展。而算力经济的核心驱动力量是计算技术，计算机硬件、软件和人工智能等的进步提升了计算能力，为算力经济带来了新的机遇。

从核心驱动关系看，计算技术与数字技术之间有紧密联系。计算技术是数字技术的重要组成部分和高阶形态，二者相互依存、相互促进。数字技术为计算技术的应用提供了更广阔的空间，而计算技术的进步推动了数字技术的不断创新。通过计算技术，数字技术得以更加高效地运用于数据的处理和智能决策。

综上所述，算力经济和数字经济在技术驱动上存在联系和相似性，但前者在技术驱动上的程度更为复杂。就像升级版的软件拥有更多功能和更高性能一样，算力经济在数字经济的基础上进一步发展，通过更强大的计算技术和智能算法，提供更高效、更智能的数据处理和决策能力。算力经济对数字经济的延伸和拓展，为经济社会发展带来了更高水平的可能性和机遇。

关联二：以数据为核心的要素流转。

算力经济与数字经济的关键流转要素均为数据。数字经济以数据为基本要素，通过互联网将数据串联起来，形成信息传递和交互的网络，强调数据要素流转的广泛性。算力经济强调面向支撑在互联网上数据要素流转能力的升级，包括硬件服务、基础设施服务、平台服务、软件服务、存储服务等，使得数据要素的传递和流转更加高效便捷，强调的是计算技术对数据流转能力的提升。

关联三：高度重合的生态主体网络。

算力经济与数字经济的核心经济主体高度重合、交叉包容。数字经济和算力经济的核心参与主体均包含推动计算技术创新和数字化产品发展的科技巨头和创新型企业；算力、算据、算法等服务的提供方，如通信运营商、算力硬件及终端制造、数据中心、算力租赁等算力提供方，数据处理与分析的数据服务提供方，数字平台和应用服务提供方，以及赋能数字化应用的服务提供方等。

区别一：产业范畴大小有别。

算力经济与数字经济的核心产业之间是包含关系。从侧重点看，前者的核心产业主要围绕数据产业展开，后者的核心产业主要围绕计算产业展开。数字经济的核心产业是指为产业数字化发展提供数字技术、产品、服务、基础设施和解决方案，以及完全依赖数字技术、数据要素的各类经济活动，主要包括数字产品制造业、数字产品服务业、数字技术应用业和数字要素驱动业。算力经济的核心产业主要为计算机制造、互联网相关服务等，主要涉及计算技术和数据处理能力，而数字经济则涵盖了数字技术、数据应用、信息通信等多个方面。数字产业化和产业数字化范畴如图 4-1 所示。

区别二：赋能应用专疏有别。

从行业赋能看，算力经济强调算力和算法在专业领域的运用和优化，更加注重为特定行业开发定制化的算法和提升计算能力，以满足差异化的需求。这种专用性的算法和算力在不同领域的应用，可以带来更高效、精确和智能的数据处理和决策能力。例如，无人驾驶要在极短的时间内处理车身众多摄像头、雷达等传感器数据并做出决策,因此,车端需要部署强大算力,云端则主要负责车辆关键数据的交换和存储;智能电网需要布置众多的传感设备,云端需要强大的计算能力,以便及时存储、处理海量的传感器数据并进行反馈。与之相比,数字经济并没有特别强调专用性。数字经济更多着眼于整个数字化经济体系的构建。

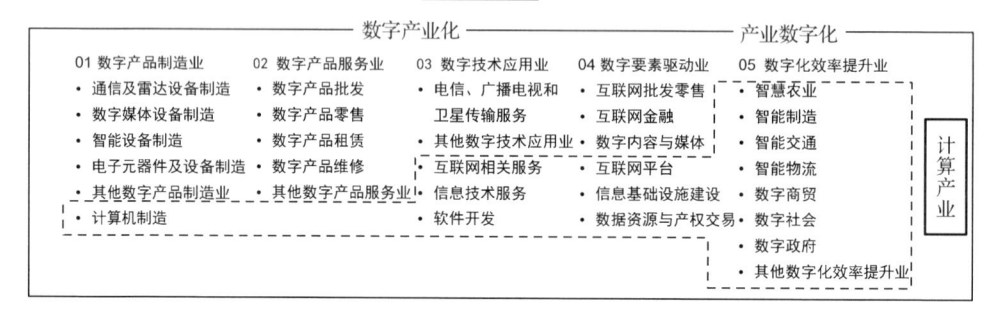

数字经济					
数字产业化				产业数字化	
01 数字产品制造业	02 数字产品服务业	03 数字技术应用业	04 数字要素驱动业	05 数字化效率提升业	计算产业
• 通信及雷达设备制造 • 数字媒体设备制造 • 智能设备制造 • 电子元器件及设备制造 • 其他数字产品制造业 • 计算机制造	• 数字产品批发 • 数字产品零售 • 数字产品租赁 • 数字产品维修 • 其他数字产品服务业	• 电信、广播电视和卫星传输服务 • 其他数字技术应用业 • 互联网相关服务 • 信息技术服务 • 软件开发	• 互联网批发零售 • 互联网金融 • 数字内容与媒体 • 互联网平台 • 信息基础设施建设 • 数据资源与产权交易	• 智慧农业 • 智能制造 • 智能交通 • 智能物流 • 数字商贸 • 数字社会 • 数字政府 • 其他数字化效率提升业	

图 4-1　数字产业化和产业数字化范畴

(内容来源:国家统计局、赛迪智库整理,2023 年 11 月)

区别三:国际竞合态势有别。

数字经济和算力经济在全球竞合理念和侧重点上存在差异。全球视域下的数字经济发展普遍强调规则导向,提倡共享和全球一体化,希望通过数字化手段实现资源和信息的共享,促进全球贸易的互动发展。而发达国家对算力经济的发展理念则有所不同,以美国为代表的西方国家更强调计算技术与产业的必争必赢、大国竞争和全球领先,将算力视为决定产业竞争力的关键要素,将计算相关技术视为大国科技竞争的制高点。从美国将中国人工智能、超算等领域企业纳入实体清单,在关键技术清单中将先进计算技术视为战略性技术,限制高性能计算芯片向中国出口等系列动作中可见一斑。由此可见,算力经济的竞争,以及围绕着算力经济的生产工具和生产力的角逐,已经成为影响未来全球科技解弦更张、产业决胜和国际地位的关键力量。

第三篇
算力基础设施：算力服务供给、调度、分配的综合载体

基础设施是保障国家或地区社会经济运作的重要公共服务系统，也是支持社会生产和居民生活的物质基础。传统基础设施（如水力、电力等）主要为社会生产和居民生活提供能源供给、交通运输等公共服务，以解决物质层面的生活需求。随着全球数字化时代的到来，社会生产生活模式不断升级，传统基础设施的局限性日益凸显，新型基础设施建设的概念崭露头角，并于2018年12月首次在中央经济工作会议上被提及。算力如同水力和电力，为传统产业带来了广泛和全面的计算公共服务，逐渐成为数字经济时代的主要生产力。

算力作为基础设施由来已久，2020年4月，国家发展和改革委员会在政策层面首次明确新型基础设施（以下简称"新基建"）的具体含义和内容，"新型基础设施是以新发展理念为引领，以技术创新为驱动，以信息网络为基础，面向高质量发展需要，提供数字转型、智能升级、融合创新等服务的基础设施体系"，其中包括以数据中心、智能计算中心为代表的算力基础设施等。党中央、国务院高度重视算力基础设施建设，《中华人民共和国国民经济和社会发展第十四个五年规划和2035年远景目标纲要》对算力资源跨

区域发展进行了统筹部署：加快构建全国一体化大数据中心体系，强化算力统筹智能调度，建设若干国家枢纽节点和大数据中心集群，建设 E 级和 10E 级超级计算中心。

算力基础设施作为新基建的重要组成部分，关乎信息处理、数据存储和智能决策等高度数字化的需求，不仅面向海量数据实现高效处理，而且支撑着人工智能、大数据分析、云计算等创新技术的发展和应用，在数字经济时代发挥着日益重要的作用。算力提升将直接促进新基建的发展，加速数字化转型的步伐，为智慧城市的建设和可持续发展提供有力支撑。算力基础设施作为支撑经济社会数字化转型不可或缺的"底座"，有力助推了我国数字经济增长，还将为加快建设制造强国、质量强国、网络强国、数字中国添薪续力。

CHAPTER 5 | 第五章
算力基础设施
发展现状和演进趋势

从算力类型来看，算力基础设施可根据不同的算力供给进行划分，如通用算力、超算算力、智能算力等。通用算力主要用于处理大规模数据和实时计算，支撑实时分析、监控、决策等计算复杂度适中的应用场景；超算算力主要用于科学计算与工程计算等领域；智能算力为人工智能应用提供所需的算力、算据和算法服务，有效支持数据共享、智能生态建设和产业创新。从资源供给主体来看，数据中心主要为市场提供算力资源，而超算中心主要为科研国防等重大项目提供算力资源。随着云计算、大数据、人工智能等新技术的发展，数据存储、计算和应用需求大幅提升，传统数据中心正在加速与网络和云计算融合，并向新型数据中心转型，以满足算力多元化供给、普惠化使用、便捷化连接的现实需要。

第一节　数据中心筑牢产业发展坚实底座

作为算力的物理承载，数据中心发挥着接收、处理、存储与转发数据流的"中枢大脑"作用，是关乎数字化发展的关键信息基础设施。

（一）数据中心发展历经物理数据中心、互联网数据中心、云数据中心三大阶段

20世纪60年代，人类仍处于大型计算机时代。大型计算机不仅占用空间较大，运行维护复杂，而且主要用于军事或重要科研领域，访问往往受到严格控制，需要特殊的运行环境支持。1973年，灾难备份计划开始在大型计算机环境中出现，到了20世纪80年代，随着互联网技术运维进一步复杂化，数据丢失现象越发普遍，为了存放计算机系统、存储系统和电力设备，人们修建了专用机房并称之为"服务器农场"，作为重要数据的灾难备份中心。**专用机房被普遍认为是数据中心的雏形。**

1982年，IBM推出台式机5150，成为首个真正意义上的个人计算机。自20世纪90年代以来，随着互联网的兴起和微型计算机的迅速普及，服

器、主机、出口带宽等设备及资源的需求呈现急剧增长趋势，要求集中部署和维护。大型公司开始推行信息化战略，不仅建立了自己的网站，而且配置了大量的邮件、文件传输协议、办公自动化等服务器，网络连接成为企业部署信息技术服务的关键手段。

企业通过简单设备的布线、连接、分层设计，将服务器置于内部机房，或是托管在运营商机房，即租用场地、电力、网络带宽，让运营商代为管理和维护，数据中心的概念由此逐渐形成。1996 年，美国一家专注于机房设施建设和带宽服务的公司 Exodus 首次提出了"IDC"（Internet Data Center，互联网数据中心）的概念。**随着时间的推移，第一代数据中心的托管服务变得更加精细化，从完整的服务器主机托管，延伸出了网站托管，并出现了虚拟主机服务。**

1997 年，苹果公司推出了"Virtual PC"，这款虚拟机软件的发布，预示着数据中心技术的新篇章。VMWare 公司推出的 VMWare Workstation，进一步加速了这一进程。在可再生能源制冷和模块化设计的帮助下，数据中心变得更加经济和环保。**亚马逊和谷歌等公司引领的云计算随后兴起，标志着数据中心进入了一个新的集中化阶段。**头部科技公司通过虚拟化和容器技术，实现了数据中心资源的高效利用，显著降低了运营成本和能源消耗。现在，云数据中心和超融合架构因其在成本控制和资源扩展方面的优势，成为行业的新焦点。

20 世纪 90 年代末期，在中国，互联网的兴起催生了数据中心的诞生。国内的基础电信公司为了满足自身业务需求，开始大量建设数据中心，提供包括场地、电力、网络及基础电信资源和设施的托管服务，甚至线路维护等，这些成为中国最早的一批实体数据中心。在那个时期，数据中心主要服务政府和大型国企，市场化水平相对较低，正处于探索性的应用阶段。进入 21 世纪，中国迎来了信息化与工业化融合的关键时期，数据中心的发展迈上了新的台阶，成为推动"两化融合"的重要基础。中国电信、中国联通和中国移动三大电信运营商运用自身在通信网络领域的优势，加强了对数据中心的投资和建设。同时，商业性质的数据中心开始在国内逐渐兴起。1999年，随着国家政策对第三方数据中心运营资格的逐步放宽，国内IDC服务提供商崭露头角，并在2010年迎来了一个小高潮。自2012年起，云计算市场的蓬勃发展为国内数据中心开辟了新的增长机遇。2023年8月，全国在用数据中心机架总规模已超过760万标准机架。

（二）国内数据中心基础设施建设步伐加快，利用率显著提高

基础电信运营商是我国数据中心的建设主力，第三方IDC服务提供商、云厂商等共同参与。三大电信运营商凭借其掌握的核心网络资产、丰富的带宽资源以及全国范围内的广泛布局，加之其成熟的企业客户和合作伙伴网络，在国内数据中心市场占据了领导地位。随着"东数西算"工程的正式启动，三大电信运营商加快算力网络布局。近年来，第三方IDC服务提供商如雨后春笋般出现，以应对数据流量和市场需求的快速增长。在细分业务方面，传统的IDC增值业务主要由三大电信运营商主导，其市场份额合计超过50%，第三方IDC服务提供商在市场份额排名中位居前列。至于云服务市场，已经形成了以大型企业为主导的市场结构，其市场份额合计接近70%。

技术赋能节能降碳，数据中心能效水平进一步提升。随着半导体技术的发展，服务器的处理能力不断提升，因此，构建高密度、低能耗的数据中心成为实现计算能力和环保要求达到平衡的关键策略。截至2023年底，全国累计建成196家国家绿色数据中心，规划在建的大型以上数据中心平均设计电能利用效率降至1.3，绿色低碳转型升级取得积极成效。IDC服务提供商正积极通过多种举措推动产业节能减排。一是选择自然条件优厚地区建设大型基地型数据中心，利用风、水、空气等自然资源优势，减少数据中心的能源消耗和远距离输电的损耗。二是通过建立可再生能源发电项目、购买绿色电力、参与绿色证书交易等方式，增加了对太阳能、地热能、风能、海洋能等可再生能源的使用。三是使用液冷、高压直流、智能运维等先进能效技术，不断优化数据中心的能效指标。百度、阿里巴巴、万国数据、秦淮数据等头

部企业都在积极开展节能减排的技术应用,运营的数据中心在全球范围内处于绿色低碳的领先地位。

第二节 超算中心彰显"国之重器"发展加速度

超算中心,又称"超级计算中心",代表计算科学的尖端领域。与数据中心依赖分散式运作和软件扩展不同,超算中心依赖高度集中的集群架构,具有高度的耦合性和卓越的单台机器性能,其核心是超级计算机,这种计算机通过特殊的设计、工艺、组件和架构,实现了远超同期商用计算机的计算能力。超级计算机通常生产数量有限、体积巨大,并且需要专业的管理和维护,它们被用来处理那些常规计算机难以完成的复杂工业和商业计算任务。超级计算机不仅是全球信息技术竞争中强国地位的象征,也是评价一个国家或地区科技实力和综合国力的关键指标,还是推动国家力量增长的重要工具。在2023年11月发布的最新全球高性能计算机TOP500排名中,中国共有109台超级计算机上榜,数量仅次于美国。从历史维度看,虽然我国超算起步较晚,但从研制、创新到应用发展,我国打破西方封锁,经历了从无到有、从跟跑到领先的"超常速"发展。

(一)中国超级计算机发展历程

1959年,中国成功研制了第一台大型电子计算机——104机,迅速投入到原子弹的研发中,其性能能够达到每秒一万次的浮点运算。作为对比,美国斯佩里公司同期发布了UNIVAC LARC计算机,浮点运算性能约每秒二十五万次;而IBM公司为劳伦斯利弗莫尔国家实验室开发的IBM 7030机则能实现每秒超过百万次的浮点运算,其性能远超当时其他商用计算机,被誉为计算机界的性能巅峰,开启了超级计算机的新时代。

1976年,美国克雷公司推出了世界上第一台运算速度达到每秒2.5亿次的超级计算机"克雷一号"。1985年,克雷公司又推出了Cray-2,每秒19亿次的浮点运算速度使其成为当时全球第二快的计算机,仅次于苏联的M-13超级计算机。在这一时期,中国的高性能计算机在性能和产量上仍无法满足国内建设的需求,处于发展初期的艰难阶段。直到20世纪90年代,美国在超算的竞争中几乎是一家独大。

中国自主研制超级计算机的事业起步于20世纪70年代。1978年,邓小平在全国科学技术大会上强调了"四个现代化"战略中巨型计算机的重要性,明确将亿次级巨型计算机的研发定为国防科技的关键项目,这标志着中国自主研发超级计算机的历史篇章的开启。由于在技术基础和生产工艺方面与国际先进水平之间存在显著差异,提升计算速度至每秒一亿次成为一项艰巨挑战。同年,中国人民解放军国防科技大学(以下简称"国防科技大学")承担了自主研发超级计算机的重任,并采用了"双向量阵列"结构作为研发方向。1983年12月22日,中国成功研制出第一台每秒运算能力超过一亿次的"银河"巨型计算机,这不仅填补了中国在巨型计算机领域的空白,也使中国跻身于全球少数几个能够自主研发亿次级巨型计算机的国家之列,从而突破了西方国家在超级计算机技术上的垄断,为中国超级计算行业的发展奠定了坚实的基础。

在美国"星球大战"计划背景下,1986年,王大珩、王淦昌、杨嘉墀和陈芳允四位科学家联名向邓小平等中央领导提出了关于"跟踪世界战略性高技术发展"的建议。邓小平对该建议表示了支持,随后在同年11月,《国家高技术研究发展计划纲要》("863计划")正式颁布,其中,"智能计算机"被单独列为一个主题项目("306主题")。

"306主题"的实施促进了曙光和浪潮系列超级计算机的研发。1993年10月,中国成功研制出"曙光一号"超级计算机,次年,该计算机被提及于政府的工作报告之中。1995年,我国又推出了"曙光1000"超级计算机,1997年,曙光天潮1000A落户辽河油田,这是中国超级计算机第一次独立进入市场,实现了国产超级计算机商品化"零的突破",打破了进口产品对中国超级计算机市场的垄断。随着曙光系列的不断更新换代，"863 计划"在计算机系统研发方面的策略也发生了转变。1999—2000 年，"863 计划 306 主题"开展了"国家高性能计算环境"的重大课题研究。这意味着我国不仅要研制超级计算机，还要利用这些计算机建立高性能计算环境，以更好地服务于高性能计算的应用需求。

自"863 计划"开始，我国在超级计算机的研发领域摒弃了单一指定机构承担项目的旧模式，转而采取了竞争性选拔机制。例如，联想和曙光两家公司同时承担了研发 4 万亿次超级计算机这项任务。联想公司在 2002 年成功研发了其首台超级计算机"深腾 1800"，该机型的峰值运算速度达到了每秒 1 万亿次。紧接着在 2003 年，联想推出了"深腾 6800"，其峰值运算速度达每秒 5.3 万亿次，并在 2003 年 11 月全球超级计算机 TOP500 榜单中位列第 14 名。2004 年，曙光公司也顺利推出了"4000A"超级计算机，其峰值运算速度高达每秒 11.2 万亿次，并且在 2004 年 6 月的全球超级计算机 TOP500 榜单中排第 10 名，这是"863 计划"下研发的超级计算机首次跻身世界前十强。2006 年，"十一五"期间的"863 计划"中设立了"高效能计算机及网格服务环境"重大项目，将研制千万亿次的高效能计算机列为主要目标之一。

我国在研制千万亿次超级计算机方面采取了分阶段的策略。第一阶段，曙光和联想两家公司分别致力于研发百万亿次的超级计算机，以此积累关键技术和经验，为后续更高性能超级计算机的研发打下基础。第二阶段，中国科学院计算技术研究所与曙光、国防科技大学与浪潮、国家并行计算机工程技术研究中心及无锡江南计算技术研究所等团队分别承担了研制千万亿次超级计算机的任务。2008 年，曙光推出的"曙光 5000A"以每秒 233 万亿次的运算速度在超级计算机 TOP500 榜单中排第 10 名，而联想的"深腾 7000"以每秒 157 万亿次的速度位列第 19 名，标志着中国成为继美国之后全球第二个能够自主研发百万亿次超级计算机的国家。

2009—2010 年，第二阶段的目标得以实现。千万亿次超级计算机的研发分两个阶段完成。2009 年，国防科技大学与浪潮共同研发的"天河一号"问世，2010 年，第二期"天河一号 A"研制成功，我国的自研超级计算机首次在全球超级计算机 TOP500 榜单中取得第一名，并在国际上率先引领了 CPU（中央处理器）与 GPU（图形处理器）异构融合的超级计算机体系结构。在此过程中，我国逐步建立了三个主要的超级计算机研发团队及其产品系列，分别是国防科技大学的"银河/天河"系列、曙光信息产业股份有限公司的"曙光"系列及无锡江南计算技术研究所的"神威"系列。

（二）我国超算中心建设情况

近年来，我国采取"中央政府+地方政府"联合投资模式和以市场为导向的建设思路，不仅保证了超算研制的持续性投入，而且保障了超算基础设施的建设。通过建设国家网络计算环境，超算中心可以为一定区域服务，并聚合超算资源，实现资源共享。为了更好地推进高性能计算机在各个领域的应用，科学技术部于 1995 年成立了第一个国家高性能计算中心"国家高性能计算中心（合肥）"，后来在北京、上海、武汉、成都、杭州、西安等地建立了多个国家高性能计算中心，配置了国产的高性能计算机系统。国家高性能计算中心不仅在早期的高性能计算应用开发中发挥了重要作用，而且为后来国家网络建设、国家超算中心建设，积累了丰富经验。

在"国家高性能计算环境"项目的支持下，我国建立了由 5 个超算中心构成的国家高性能计算环境，形成了"中国网格"的雏形，后续通过"中国国家网格""中国空间信息网格""高效能计算机和网格服务环境"等国家"863 计划"项目、"中国教育科研网格"等教育部项目不断扩展。

截至目前，我国已建成或正在建设 11 座超算中心，分别为国家超级计算天津中心、国家超级计算深圳中心、国家超级计算长沙中心、国家超级计算济南中心、国家超级计算广州中心、国家超级计算无锡中心、国家超级计算郑州中心、国家超级计算昆山中心、国家超级计算成都中心、国家超级计算西安中心、国家超级计算太原中心，有关情况如表 5-1 所示。在国家和地方政府的有力引导下,通过国家网络计算环境建设,我国超算能力得到进一步加强。

表 5-1 我国国家级超算中心建设运营情况

名称	运营情况	共建单位	取得成绩/建设意义
国家超级计算天津中心	2009年5月批准成立	国防科技大学、天津市滨海新区	我国首台千万亿次超级计算机系统。2009年11月,世界超级计算机TOP500榜单中排亚洲第1名、世界第5名,2010年11月升至世界第1名
国家超级计算深圳中心	2009年获批,超算二期正有序推进,建设周期为2022—2025年	中国科学院计算所、深圳市政府	2010年6月,世界超级计算机TOP500榜单中排第2名,于2011年11月16日投入运行
国家超级计算长沙中心	2010年10月获批,2014年11月正式运营	国防科技大学、湖南大学	建成后,总算力将在全国超级计算中心行列中进入前4位
国家超级计算济南中心	2011年10月正式挂牌	山东省科学院、山东省计算中心	中国首台全部采用国产CPU和系统软件构建的千万亿次计算机系统。2023年验证性计算集群在ISC 2023高性能计算大会IO500榜单中排世界第1名
国家超级计算广州中心	2014年1月正式投入运行	国防科技大学、中山大学	全球用户最多、应用最广的超算中心之一。"天河二号"在世界超级计算机TOP500榜单中连续六次排世界第1名,位列"世界最具应用影响力超算中心"前5名,唯一不需要政府运营补贴的国家级超算中心
国家超级计算无锡中心	2016年6月批准设立	清华大学、无锡市政府	自2016年6月发布以来,已连续4次荣获世界超级计算机TOP500榜第1名。世界首台峰值运算性能超过每秒十亿亿次浮点运算能力的超级计算机
国家超级计算郑州中心	2019年5月批准筹建,2020年11月通过验收	河南省科技厅、郑州大学	河南省首个国家级重大科研基础设施
国家超级计算昆山中心	2020年12月通过验收	—	承接长三角区域大科学装置的先进计算及科学大数据处理服务

续表

名称	运营情况	共建单位	取得成绩/建设意义
国家超级计算成都中心	2021年纳入国家超算中心序列	—	中国西部地区首个国家超级计算中心
国家超级计算西安中心	2020年8月批准成立，截至2023年4月底，一期项目建设已完成，二期项目建设进度达86.5%以上	—	填补西北地区的空白，建成后将满足西安众多高校、科研院所、航空航天等单位对于高性能计算的刚性需求
国家超级计算太原中心	2021年3月动工，2022年3月通过验收，同年4月纳入国家超算中心序列	太原理工大学、国防科技大学	长期服务山西省"14+N"产业集群发展，持续打造省级超算辐射带动能力

内容来源：赛迪电子所整理，2023年11月。

第三节　智算中心成为算力基础设施建设热点

智算中心即"人工智能计算中心"，是一种新型的算力基础设施，它基于专为人工智能设计的芯片建立计算机集群，依托尖端的人工智能理论和领先的计算架构，为人工智能应用提供必要的计算能力。

智算中心与传统的数据中心看似差别不大，但本质上"千差万别"。一是架构不同。数据中心依赖于实体服务器和存储硬件，而智算中心利用虚拟化和云技术来提供灵活的计算与存储资源，这使得智算中心能够更迅速地适应变化的需求，并快速部署新的应用程序或服务。智算中心还能更有效地支持云计算、大数据和人工智能等前沿技术。二是性能差别，数据中心因设备间数据传输频繁，通常使用物理服务器和存储设备，可能遇到性能瓶颈，而智算中心通过高速网络和分布式存储技术，满足了高性能计算和大数据处理的需求。此外，智算中心的服务器通常配备GPU甚至DPU（数据处理器），与仅搭载CPU的传统服务器相比，性能提升显著。三是可扩展性方面，数据中心基于物理层面，扩展性一般较差，智算中心采用虚拟化技术，以及云计算搭载应用，具有较强的扩展性和短时内高并发业务的响应速度。四是安全性方面，数据中心由于受到物理设备的限制，难以完全隔离和保护数据，而智算中心通过虚拟化和分布式存储技术，可以更好地保护数据和应用程序的安全，更好地应对故障和攻击。

随着 ChatGPT 等现象级人工智能应用的出现，人工智能技术的发展势头正猛，基于大模型、大数据和高算力的人工智能技术研发与商业应用不断拓展市场对算力的需求。这种需求的增长推动着智算中心的建设和部署进入一个新的热潮。展望未来，算力基础设施的发展趋势将从智算中心作为数据中心的补充，逐渐转变为二者并行发展，为算力经济时代打下坚实的技术基础。

（一）人工智能和大模型成为发展新亮点

2022 年年底以来，ChatGPT 火爆出圈，作为 OpenAI 推出的一款基于大规模预训练的生成式对话模型，ChatGPT 基于深度学习技术和海量的语料库进行训练，可以生成高度逼真的自然语言文本，能够进行对话、生成文本、回答问题等任务。ChatGPT 的成功凸显了生成式人工智能在自然语言处理领域的巨大潜力，这不仅吸引了社会各界的广泛关注，也激发了其在商业领域的多元应用，包括但不限于客户支持、自动内容创作、智能对话系统等。鉴于 ChatGPT 涉及的模型规模庞大且计算过程复杂，对计算能力的需求随之激增。为了提供更优秀的性能和更佳的用户体验，众多企业和机构正投入大量资金升级和扩展他们的算力基础设施，以适应 ChatGPT 等大规模语言模型在训练和推理过程中的需求。

强算力、大模型对智算中心建设提出扩容和升级的要求。 人工智能大模型参数规模在短短三四年时间内从亿级突破至万亿级，随着未来通用人工智能时代的到来，更能适应 AI 算力需求的智算中心将超过通用计算中心成为数据中心增长的热点。为了满足大规模模型的训练和推理需求，需要增加更多的服务器、GPU、TPU（张量处理器）等硬件设备。强算力、大模型的需求推动了硬件技术的创新与发展。为了满足高性能计算的需求，许多硬件厂商加大了对 GPU、TPU 等专用硬件的研发和投入。例如，英伟达推出了一系列高性能的 GPU 产品，谷歌推出了自己的 TPU 芯片，这些专用硬件在深度学习和人工智能领域具有独特的优势。这些硬件技术的创新和发展将为算力基础设施的建设提供更多的选择和机会。

大模型发展热潮下，算力基础设施可能向"IaaS-PaaS-MaaS"的趋势发展。 IaaS（基础设施即服务）可以提供灵活的计算资源，满足不同规模和需求的计算任务。用户可以根据自身需求，动态地调整和管理算力资源，以提高资源利用率和性能。未来，随着计算任务的不断增加和变化，IaaS 模式将得到进一步扩展和完善，为各行各业提供强大的算力支持。随着人工智能技术的商业化应用需求日益增长，人工智能能力正逐渐成为企业基础设施的标准配置。在此背景下，MaaS（模型即服务）模式作为一种新兴的商业模式，展现出巨大的发展潜力。除开源途径外，MaaS 被视为人工智能普及化的另一条高效可行的途径，具有强大的网络效应。MaaS 模式类似于云计算服务，它将复杂的人工智能模型转化为可服务化的产品，用户无须掌握高深的技术知识或拥有复杂的底层硬件设施，通过 API 接口即可轻松调用服务，这大大降低了大模型的使用门槛，并显著提升了模型的运用效率。随着技术的飞速进步，模型本身正逐渐转变为一种关键的生产要素。在未来，众多科技企业将依托于在数据、计算能力和算法方面构建的强大技术优势，广泛采用 MaaS 服务模式。

（二）我国智算中心建设情况

作为公共基础设施的智算中心，致力于为政府和企业等多元用户群体提供必要的人工智能算力、数据和算法服务。智算中心往往拥有尖端的计算架构技术、成熟的生态系统，并整合了高端智能软件，实现了云端一体化服务，同时通过异构计算设计来提高运算效率。智算中心作为算力、数据和算法的集成平台，为各行各业提供了丰富的计算资源，对促进产业创新和升级发挥了关键作用。

自 2020 年起，我国各地方政府掀起了智算中心的建设热潮。国家信息中心等机构联合发布的《智能计算中心创新发展指南》显示，全国已有超过 30 个城市正在建设或计划建设智算中心，掀起落地热潮，如天津人工智能计算中心、南京鲲鹏·昇腾人工智能计算中心等，有关情况如表 5-2 所示。智算中心不仅为企业提供了所需的算力，支持当地的科研创新和人才培养，而且结合了地方产业特色，加速了人工智能的应用创新，促进了人工智能产业生态的聚合。例如，武汉人工智能计算中心成功孵化了紫东太初、武汉珞珈等大模型，推动了人工智能在多模态交互、遥感等领域的实际应用。目前，我国在建及计划建设的智算中心整体布局以东部地区为主，并逐渐向中西部地区拓展。

智算中心同时也是全国一体化大数据中心建设和"东数西算"工程的关键，这类大型工程背后涉及复杂的巨系统优化调度问题，旨在实现集群间高效算力调度。由于通用算力对实时性有一定要求，不适合远程调度，而超级计算的商业化门槛较高，因此，"东数西算"工程更适宜的是非实时后台处理等大量算力需求的智能计算中心业务，能够实现算力的统筹和智能调度，根据全国范围内的动态业务需求，在云计算、网络和边缘计算之间进行按需分配和灵活调度，有效利用计算、存储和网络资源。

表 5-2 我国智算中心建设情况

区域	智算中心名称	地址	运营状态	合作方
华北地区	北京昇腾人工智能计算中心	北京市门头沟区	2023 年 2 月 13 日上线	华为昇腾
	天津人工智能计算中心	天津市河北区	2022 年 12 月 30 日一期完工	华为昇腾
	河北人工智能计算中心	河北省廊坊经开区	2022 年 2 月 14 日揭牌	华为昇腾
	阿里云张北超级智算中心	河北省张家口市张北县	2022 年 8 月 30 日	阿里巴巴
	中国电信京津冀大数据智算中心	天津市武清区高村科技创新园	2021 年年底投入运营	中国电信

续表

区域	智算中心名称	地址	运营状态	合作方
华北地区	北京数字经济算力中心（规划）	北京市朝阳区	2022年4月落户	头部AI企业
	山西先进计算中心	山西综改示范区高新街	2018年10月运行	中科曙光
	百度阳泉智算中心	山西省阳泉市	2022年12月27日开机上线	百度
	自动驾驶智算中心"扶摇"	内蒙古自治区乌兰察布市	2022年8月2日落成启动	小鹏汽车、阿里云
华东地区	济南人工智能计算中心	山东省济南市	已接入中国算力网	华为昇腾
	青岛人工智能计算中心	山东省青岛市	已接入中国算力网	华为昇腾
	南京鲲鹏·昇腾人工智能计算中心	江苏省南京市	2021年7月6日上线	华为昇腾
	南京智能计算中心	江苏省南京市	2021年7月16日投入运营	浪潮信息、寒武纪
	太湖量子智算中心	江苏省无锡市	2023年1月1日揭牌	上海交大等
	腾讯长三角人工智能超算中心	上海市松江区	在建	腾讯
	商汤人工智能计算中心	上海自贸试验区临港新片区	2022年1月24日投产	商汤科技
	杭州人工智能计算中心	浙江省杭州市	2022年5月20日	华为昇腾
	淮海智算中心	安徽省宿州市	在建	华为昇腾
	福建人工智能计算中心	福建省福州市滨海新城	2023年4月26日揭牌	福州电信集团
	浙江"乌镇之光"超算中心	浙江省宁波市高新区	2023年1月10日上线	—
	宁波人工智能超算中心	浙江省宁波市高新区	2023年1月10日上线	宁数科创
	昆山智算中心	江苏省昆山市	2021年12月1日寒武纪中标	中国科学院、寒武纪
	浙江省青田县元宇宙智算中心	浙江省青田县	2022年11月17日投产	浪潮信息、谷梵科技
	上海有孚临港云计算数据中心	上海自由贸易试验区临港新片区	—	有孚
	阿里云华东智算中心	上海市阿里巴巴金山园区	2020年开工,2025年达产	—

续表

区　域	智算中心名称	地　　址	运营状态	合　作　方
华东地区	上海市人工智能公共服务算力平台	上海市	2023年2月20日揭牌	依托上海超算中心建设并运营
	合肥人工智能计算中心	安徽省合肥市	在建	华海智汇
华南地区	中国-东盟人工智能计算中心	广西壮族自治区南宁市五象新区振邦产业园	2022年9月23日揭牌	华为昇腾
	深圳人工智能融合赋能中心	广东省深圳市龙岗区	2019年打造人工智能融合赋能平台	华为昇腾
	广州人工智能公共算力中心	广州无线电集团广电平云广场	2022年9月15日上线运营	华为昇腾
	横琴人工智能超算中心	广东省珠海市	2019年12月成立	中国科学院、寒武纪等
华中地区	中原人工智能计算中心	河南省郑州市	2021年10月21日	华为昇腾
	长沙人工智能计算中心	湖南省长沙市	2022年11月4日	华为昇腾
	武汉人工智能计算中心	湖北省武汉市	2021年5月31日	华为昇腾
西北地区	未来人工智能计算中心	陕西省西安市	2021年9月9日	华为昇腾
	甘肃庆阳智算中心	甘肃省"东数西算"产业园区	预计2023年8月建成使用	—
	西部AI视频智算中心	宁夏回族自治区中卫市	2023年4月发布	中国移动宁夏公司
西南地区	重庆人工智能计算中心	重庆科学城	在建	华为昇腾
	成都人工智能计算中心	四川省成都市	2022年5月10日	华为昇腾
东北地区	大连人工智能计算中心	辽宁省大连市	在建	华为昇腾
	哈尔滨人工智能先进计算中心	哈尔滨市平房区中国云谷数字经济产业园	2020年年底投入运营	—
	沈阳人工智能计算中心	辽宁省沈阳市	2022年8月9日上线	华为昇腾

内容来源：置顶智库、浙商证券研究所、赛迪电子所整理，2023年11月。

第四节　算网融合助力算力经济提质优化

从技术发展方向来看，算力网络代表了一种创新的技术模式，它将不同层级的计算、存储和网络资源整合在一起。通过运用云计算与软件定义网络、网络功能虚拟化等先进技术，算力网络实现了边缘计算和云计算节点的无缝集成，以及广域网等网络资源的深度整合。这一整合以网络为核心，实现了资源的多维连接，简化了边缘计算节点的管理复杂性。通过集中式或分布式的管理手段，算力网络有效地协调了云计算节点的计算和存储资源以及广域网的网络资源，构建了新一代的信息基础设施。它根据业务需求，向用户提供包含计算、存储和连接在内的全面算力服务，以及灵活、可调整的资源配置。

从未来信息基础设施演进方向来看，算力网络将成为未来信息基础设施的主要形态。大模型热潮带来了庞大的算力需求，导致行业与区域算力分布不均的问题日益凸显。算力与网络的融合、创新发展，能够充分发挥我国在通信领域的领先优势，"以网强算"带动我国计算领域由被动跟随转向主动引领，加快构筑我国计算产业全球竞争优势，把握未来发展主动权。

从国家"新基建"体系的宏观发展方向来看，算力网络体现了一种革新的理念，旨在应对我国数据中心建设和地区算力供需差异的挑战。它通过整合计算、存储和网络资源，实现资源的按需配置和动态管理，以适应用户多样化的需求，并确保资源服务的最优化和网络连接的最高效。推进算力网络的快速发展，将有助于我国在东部与西部之间实现算力资源的均衡分配，既保障东部地区的数字化进程，又促进数字经济产业链向西部地区的扩展，进而培育中西部地区的数字经济新增长点。

算力共享和联合计算将成为未来的重要趋势。通过共享闲置的算力资源，可以提高算力资源的利用效率，降低资源浪费。同时，通过联合计算，不同的计算实体可以共同完成大规模的计算任务，这不仅加速了计算过程，还提升了整体的计算效能。算力共享和联合计算的发展将促进算力基础设施的协同和共赢。通过物理及生态层面的双重互联，算力网络可进一步使能算力服务，合理分配和整合算力资源，降低使用门槛，将算力资源转化为普及且有益的服务，有效支撑国家重大科研项目、社会福祉及各行各业的发展。

算网协同方面，我国目前规划了智算网络、超算互联等不同的方案，旨在连接产业生态中的算力供应、应用开发、运营服务和用户等各方面的能力和资源，构建一体化的算力网络和服务平台。在物理层面，这些方案旨在连接不同架构的算力中心，形成统一使用的基础设施，实现资源的统一调度和共享。在生态层面，采用互联网思维运营算力基础设施，深度整合计算、软件和应用解决方案等资源，构建以应用服务为核心的创新平台，并通过市场化的运营和服务系统，紧密连接产业链的各个环节，实现供需双方的快速匹配和资源的及时获取。在超算数据直连的基础上，科技部启动国家超算互联网部署工作，通过这一工程，各地的超算中心和数据中心将实现数据和算力的互联互通，整合成一个算力融合的网络。

CHAPTER 6

第六章
算力基础设施
相关国家政策密集出台

第一节　国家政策持续赋能，着力新型基础设施建设

2018 年中央经济工作会议上首次提出新型基础设施建设的概念，明确要加快 5G 商用步伐，加强人工智能、工业互联网、物联网等新型基础设施建设；2019 年第十三届全国人民代表大会第二次会议上，"新基建"概念首次出现在国务院《政府工作报告》中，强调要加强新一代信息基础设施建设；2020 年，国务院《政府工作报告》对新基建内容进行了更加清晰的阐述，即加强"两新一重"建设，发展新一代信息网络，拓展 5G 应用，建设数据中心，增加充电桩、换电站等设施，推广新能源汽车，激发新消费需求，助力产业升级。在 2021 年全国人民代表大会上，更是将新基建列入"十四五"规划。至此，新基建已全面上升到国家政策层面。《"十四五"国家信息化规划》《"十四五"数字经济发展规划》《"十四五"信息通信行业发展规划》等上位规划及先进计算产业相关文件，从宏观产业政策布局、技术方向指引、节能"双碳"要求、数字化赋能责任及投资建设等多个角度全面引领我国算力基础设施建设。在国家政策的引导下，北京、上海、江苏、广西、甘肃、贵州、宁夏、天津等省级地方政府出台政策，加强区域数据中心布局引导，推动协同创新发展，推动算力基础设施建设，相关政策如表 6-1 所示。

表 6-1　算力基础设施建设相关政策梳理

发布时间	政策名称	发布部门	政策核心
2015 年 1 月	《关于促进云计算创新发展培育信息产业新业态的意见》	国务院	优化云计算基础设施布局，促进区域协调发展。加强全国数据中心建设的统筹规划，引导大型云计算数据中心优先在能源充足、气候适宜、自然灾害较少的地区部署，以实时应用为主的中小型数据中心在靠近用户所在地、电力保障稳定的地区灵活部署

续表

发布时间	政策名称	发布部门	政策核心
2015年8月	《促进大数据发展行动纲要》	国务院	统筹规划大数据基础设施建设。结合国家政务信息化工程建设规划，统筹政务数据资源和社会数据资源，布局国家大数据平台、数据中心等基础设施。充分利用现有企业、政府等数据资源和平台设施，注重对现有数据中心及服务器资源的改造和利用，建设绿色环保、低成本、高效率、基于云计算的大数据基础设施和区域性、行业性数据汇聚平台，避免盲目建设和重复投资
2016年7月	《国家信息化发展战略纲要》	中共中央办公厅、国务院办公厅	统筹规划基础设施布局。深化电信行业改革，鼓励多种所有制企业有序参与竞争。统筹国家现代化建设需求，实现信息基础设施共建共享，推进区域和城乡协调发展。协调频谱资源配置，科学规划无线电频谱，提升资源利用效率
2016年12月	《"十三五"国家信息化规划》	国务院	统筹应用基础设施建设和频谱资源配置。适度超前布局、集约部署云计算数据中心、内容分发网络、物联网设施，实现应用基础设施与宽带网络优化匹配、有效协同。支持采用可再生能源和节能减排技术建设绿色云计算数据中心
2017年3月	《云计算发展三年行动计划（2017—2019年）》	工业和信息化部	提出到2019年，云计算数据中心布局得到优化，使用率和集约化水平显著提升，绿色节能水平不断提高，新建数据中心PUE值普遍优于1.4等发展目标
2013年1月	《关于数据中心建设布局的指导意见》	工业和信息化部、国家发展改革委、国土资源部、国家电力监管委员会、国家能源局	对新建超大型数据中心、新建大型数据中心、新建中小型数据中心和已建数据中心进行布局导向。从强化政策引导、加强应用引领、夯实网络能力、落实安全保障和发挥示范作用五个方面提出了数据中心建设布局的保障措施
2015年3月	《国家绿色数据中心试点工作方案》	工业和信息化部、国管局、国家能源局	提出初步形成具有自主知识产权的绿色数据中心技术体系、创新与服务体系，构建试点数据中心节能环保指标监测体系，确立绿色数据中心标准和评价体系
2019年2月	《关于加强绿色数据中心建设的指导意见》	工业和信息化部、国管局、国家能源局	建立健全绿色数据中心标准评价体系和能源资源监管体系，打造一批绿色数据中心先进典型，形成一批具有创新性的绿色技术产品、解决方案，培育一批专业第三方绿色服务机构

续表

发布时间	政策名称	发布部门	政策核心
2020年12月	《关于加快构建全国一体化大数据中心协同创新体系的指导意见》	国家发展改革委、中央网信办、工业和信息化部、国家能源局	加强全国一体化大数据中心顶层设计。优化数据中心基础设施建设布局，加快实现数据中心集约化、规模化、绿色化发展，形成"数网"体系；加快建立、完善云资源接入和一体化调度机制，降低算力使用成本和门槛，形成"数纽"体系；加强跨部门、跨区域、跨层级的数据流通与治理，打造数字供应链，形成"数链"体系；深化大数据在社会治理与公共服务、金融、能源、交通、商贸、工业制造、教育、医疗、文化旅游、农业、科研、空间、生物等领域协同创新，繁荣各行业数据智能应用，形成"数脑"体系；加快提升大数据安全水平，强化对算力和数据资源的安全防护，形成"数盾"体系
2021年3月	《中华人民共和国国民经济和社会发展第十四个五年规划和2035年远景目标纲要》		加快建设新型基础设施。加快构建全国一体化大数据中心体系，强化算力统筹智能调度，建设若干国家枢纽节点和大数据中心集群，建设E级和10E级超级计算中心
2021年5月	《全国一体化大数据中心协同创新体系算力枢纽实施方案》	国家发展改革委、中央网信办、工业和信息化部、国家能源局	统筹围绕国家重大区域发展战略，根据能源结构、产业布局、市场发展、气候环境等，在京津冀、长三角、粤港澳大湾区、成渝，以及贵州、内蒙古、甘肃、宁夏等地布局建设全国一体化算力网络国家枢纽节点，发展数据中心集群，引导数据中心集约化、规模化、绿色化发展。国家枢纽节点之间进一步打通网络传输通道，加快实施"东数西算"工程，提升跨区域算力调度水平。同时，加强云算力服务、数据流通、数据应用、安全保障等方面的探索实践，发挥示范和带动作用。国家枢纽节点以外的地区，统筹省内数据中心规划布局，与国家枢纽节点加强衔接，参与国家和省之间算力级联调度，开展算力与算法、数据、应用资源的一体化协同创新
2021年7月	《新型数据中心发展三年行动计划（2021—2023年）》	工业和信息化部	用3年时间，基本形成布局合理、技术先进、绿色低碳、算力规模与数字经济增长相适应的新型数据中心发展格局
2021年9月	《关于完整准确全面贯彻新发展理念做好碳达峰碳中和工作的意见》	中共中央国务院	大幅提升能源利用效率。把节能贯穿于经济社会发展全过程和各领域，持续深化工业、建筑、交通运输、公共机构等重点领域节能，提升数据中心、新型通信等信息化基础设施能效水平

续表

发布时间	政策名称	发布部门	政策核心
2021年12月	《"十四五"国家信息化规划》	中央网信办	构建云网融合的新型算力设施。加快构建全国一体化大数据中心协同创新体系，建设京津冀、长三角、粤港澳大湾区、成渝等全国一体化算力网络国家枢纽节点。统筹部署医疗、教育、广电、科研等公共服务和重要领域云数据中心，加强区域优化布局、集约建设和节能增效。推进云网一体化建设发展，实现云计算资源和网络设施有机融合。统筹建设面向区块链和人工智能等的算力和算法中心，构建具备周边环境感应能力和反馈回应能力的边缘计算节点，提供低时延、高可靠、强安全的边缘计算服务。加强国家超级计算设施体系统筹布局，探索大型计算机对外开放服务的市场化培育机制。开展"中国科技云"应用创新示范，提升科研创新服务支撑能力
2021年12月	《"十四五"数字经济发展规划》	国务院	推进云网协同和算网融合发展。加快构建算力、算法、数据、应用资源协同的全国一体化大数据中心体系。在京津冀、长三角、粤港澳大湾区、成渝地区双城经济圈、内蒙古、贵州、甘肃、宁夏等地区布局全国一体化算力网络国家枢纽节点，建设数据中心集群，结合应用、产业等发展需求优化数据中心建设布局。加快实施"东数西算"工程，推进云网协同发展，提升数据中心跨网络、跨地域数据交互能力，加强面向特定场景的边缘计算能力，强化算力统筹和智能调度。按照绿色、低碳、集约、高效的原则，持续推进绿色数据中心建设，加快推进数据中心节能改造，持续提升数据中心可再生能源利用水平。推动智能计算中心有序发展，打造智能算力、通用算法和开发平台一体化的新型智能基础设施，面向政务服务、智慧城市、智能制造、自动驾驶、语言智能等重点新兴领域，提供体系化的人工智能服务
2021年11月	《"十四五"信息通信行业发展规划》	工业和信息化部	构建以技术创新为驱动、以新一代通信网络为基础、以数据和算力设施为核心、以融合基础设施为突破的新型数字基础设施体系，统筹布局绿色智能的数据与算力设施
2021年12月	《贯彻落实碳达峰碳中和目标要求推动数据中心和5G等新型基础设施绿色高质量发展实施方案》	国家发展改革委、中央网信办、工业和信息化部、国家能源局	到2025年，数据中心和5G基本形成绿色集约的一体化运行格局。优化数据中心建设布局，新建大型、超大型数据中心原则上布局在国家枢纽节点数据中心集群范围内

续表

发布时间	政策名称	发布部门	政策核心
2023年10月	《算力基础设施高质量发展行动计划》	工业和信息化部、中央网信办、教育部、国家卫生健康委员会、中国人民银行、国务院国资委	结合算力基础设施产业现状和发展趋势，确定了"多元供给，优化布局；需求牵引，强化赋能；创新驱动，汇聚合力；绿色低碳，安全可靠"的基本原则，制定了到2025年的主要发展目标，提出了完善算力综合供给体系、提升算力高效运载能力、强化存力高效灵活保障、深化算力赋能行业应用、促进绿色低碳算力发展、加强安全保障能力建设六方面重点任务，着力推动算力基础设施高质量发展

内容来源：赛迪电子所整理，2023年11月。

第二节 "东数西算"工程重点任务和面临挑战

2022年2月，我国"东数西算"工程正式全面启动，通过构建数据中心、云计算、大数据一体化的新型算力网络体系，将东部算力需求有序引导到西部，充分发挥西部地区气候、能源、环境等优势，扩大可再生能源供给和就近消纳，既有利于缓解东部地区能源供给短缺问题，又能助力我国数据中心实现低碳、绿色、可持续发展。在国家政策指引下，数据中心产业加速向集约化、绿色化、高效化发展，网络支撑能力不断提升，云网协同、数云协同进程加快。

（一）"东数西算"工程实施目标

2020年12月23日，国家发展改革委、中央网信办、工业和信息化部、国家能源局（以下简称四部委）联合印发《关于加快构建全国一体化大数据中心协同创新体系的指导意见》，提出构建全国一体化大数据中心协同创新体系。2021年5月24日，四部委联合印发《全国一体化大数据中心协同创新体系算力枢纽实施方案》，提出布局建设全国一体化算力网络国家枢纽节点，加快实施"东数西算"工程，国家枢纽节点之间进一步打通网络传输通道，提升跨区域算力调度水平，加强云算力服务、数据流通、数据应用、安全保障等方面的探索实践，发挥示范和带动作用。2022年2月，四部委联合复函同意京津冀、长三角、粤港澳大湾区、成渝、贵州、甘肃、内蒙古和宁夏8地启动建设国家算力枢纽节点，并规划了10个国家数据中心集群。至此，我国"东数西算"工程实施的政策框架体系基本建立，"东数西算"工程正式全面启动。

《全国一体化大数据中心协同创新体系算力枢纽实施方案》明确提出，在京津冀、长三角、粤港澳大湾区、成渝，以及贵州、内蒙古、甘肃、宁夏等地布局建设全国一体化算力网络国家枢纽节点（以下简称"国家算力枢纽节点"），整体上分为两类，一类为京津冀、长三角、粤港澳大湾区、成渝等用户规模较大、应用需求强烈的节点，重点统筹好城市内部和周边区域的数据中心布局，实现大规模算力部署与土地、用能、水、电等资源的协调可持续，优化数据中心供给结构，扩展算力增长空间，满足重大区域发展战略实施需要；另一类为内蒙古、贵州、甘肃、宁夏等可再生能源丰富、气候适宜、数据中心绿色发展潜力较大的节点，重点提升算力服务品质和利用效率，充分发挥资源优势，夯实网络等基础保障，积极承接全国范围需后台加工、离线分析、存储备份等非实时算力需求，打造面向全国的非实时性算力保障基地。国家算力枢纽节点是我国算力网络的骨干节点，也是国家"东数西算"工程的战略支点，推动算力资源有序向西转移，促进解决东西部算力供需失衡问题。

《全国一体化大数据中心协同创新体系算力枢纽实施方案》将我国数据中心布局分为两类，即数据中心集群和城市内部数据中心。数据中心集群要求推进大规模数据的"云端"分析处理，重点支持对海量规模数据的集中处理，支撑抵近一线、高频实时交互型的业务需求，数据中心端到端单向网络时延原则上在20毫秒范围内。贵州、内蒙古、甘肃、宁夏节点内的数据中心集群，优先承接后台加工、离线分析、存储备份等非实时算力需求。城市内部数据中心则是针对现有数据中心的改造升级，提升效能，鼓励城区内的数据中心成为算力"边缘"端。根据国家发展改革委等部门相关复函文件，"东数西算"工程国家枢纽节点和数据中心集群的建设目标和发展情况如表6-2和表6-3所示。

表 6-2 "东数西算"工程国家枢纽节点和数据中心集群建设目标

国家枢纽节点	数据中心集群	起步区范围/边界	起步区建设目标 数据中心平均上架率	起步区建设目标 数据中心PUE	承载任务
京津冀	张家口集群	张家口市怀来县、张北县、宣化区	不低于65%	1.25以内	围绕数据中心集群，抓紧优化算力布局，积极承接北京等地实时性算力需求，引导温冷业务向西部迁移，构建辐射华北、东北乃至全国的实时性算力中心
长三角	长三角生态绿色一体化发展示范区	上海市青浦区、江苏省苏州市吴江区、浙江省嘉兴市嘉善县	不低于65%	1.25以内	围绕两个数据中心集群，抓紧优化算力布局，积极承接长三角中心城市实时性算力需求，引导温冷业务向西部迁移，构建长三角地区算力资源"一体协同、辐射全域"的发展格局
长三角	芜湖集群	芜湖市鸠江区、弋江区、无为市			
粤港澳大湾区	韶关集群	韶关高新区	不低于65%	1.25以内	围绕韶关数据中心集群，抓紧优化算力布局，积极承接广州、深圳等地实时性算力需求，引导温冷业务向西部迁移，构建辐射华南乃至全国的实时性算力中心
成渝	天府集群	成都市双流区、郫都区、简阳市	不低于65%	1.25以内	围绕两个数据中心集群，抓紧优化算力布局，平衡好城市与城市周边的算力资源部署，做好与"东数西算"衔接
成渝	重庆集群	重庆市两江新区水土新城、西部（重庆）科学城璧山片区、重庆经济技术开发区			
内蒙古	和林格尔集群	和林格尔新区和集宁大数据产业园	不低于65%	1.2以下	充分发挥集群与京津冀毗邻的区位优势，为京津冀高实时性算力需求提供支援，为长三角等区域提供非实时算力保障

续表

国家枢纽节点	数据中心集群	起步区范围/边界	起步区建设目标 数据中心平均上架率	起步区建设目标 数据中心PUE	承载任务
贵州	贵安集群	贵安新区贵安电子信息产业园	不低于65%	1.2以下	围绕贵安数据中心集群，抓紧优化存量，提升资源利用效率，以支持长三角、粤港澳大湾区等为主，积极承接东部地区算力需求
甘肃	庆阳集群	庆阳西峰数据信息产业聚集区	不低于65%	1.2以下	尊重市场规律、注重发展质量，打造以绿色、集约、安全为特色的数据中心集群，重点服务京津冀、长三角、粤港澳大湾区等区域的算力需求
宁夏	中卫集群	中卫工业园西部云基地	不低于65%	1.2以下	充分发挥区域可再生能源富集的优势，积极承接东部算力需求，引导数据中心走高效、清洁、集约、循环的绿色发展道路

内容来源：官方文件，赛迪电子所整理，2023年11月。

表6-3 "东数西算"工程国家枢纽节点和数据中心集群发展情况

国家枢纽节点	数据中心集群	发展现状	发展目标	在建重大项目、工程
京津冀	张家口集群	京津冀地区是我国IDC市场规模最大的区域，占总体的1/3以上；京津冀地区数据中心机柜资源位居全国主要城市群前列，其中北京是中国在运营机柜数量最多的城市	到2023年，将北京培育成人工智能算力枢纽、先进节能技术应用高地，建设一批高性能计算设施。推动形成4000 PFLOPS总算力规模的人工智能公共算力基础设施	包括但不限于： （1）中国电信京津冀大数据智能算力中心； （2）中国联通京津冀数字科技产业园； （3）固安聚龙新一代云计算和人工智能产业园； （4）光环新网天津宝坻云计算中心； （5）中国移动京津冀（廊坊）数据中心； （6）华为大数据产业园； （7）怀来东园数据中心； （8）阿里宣化云计算数据中心

续表

国家枢纽节点	数据中心集群	发 展 现 状	发 展 目 标	在建重大项目、工程
长三角	芜湖集群	截至 2022 年上半年，上海在用数据中心规模已超过 36.1 万标准机架，在建数据中心规模已超过 21.1 万标准机架；南京智能计算中心已运营系统的 AI 计算能力达每秒 80 亿亿次	到 2025 年，上海数据中心总规模达到 28 万标准机架左右，平均上架率提升至 85% 以上，数据中心算力达到 14000 PFLOPS，集聚区新建大型数据中心综合 PUE 降至 1.25 左右，绿色低碳等级达到 4A 级以上	包括但不限于： （1）中国电信长三角国家枢纽节点算力调度平台和直连网络建设项目； （2）中国移动长三角（上海）5G 生态谷数据中心； （3）优刻得青浦数据中心； （4）中国移动长三角（苏州）云计算中心； （5）中国电信长三角一体化算力枢纽（吴江节点）工程； （6）阿里巴巴长三角智能计算基地等六大重点项目。 涉及总投资规模超 230 亿元
	长三角生态一体化发展示范区			
粤港澳大湾区	韶关集群	截至 2021 年 7 月，广东全省已投产使用的数据中心数量约 310 个，已投产数据中心约 56.6 万标准机架，全省总算力（不含超级计算）达到 16 EFLOPS	力争到 2025 年，韶关数据中心集群建成 50 万标准机架、500 万台服务器规模，投资超 500 亿元（不含服务器及软件）	首批项目包括中国联通、中国电信、中国移动、广东广电及中瀚云韶关 5 个企业的数据中心项目，项目累计总投资达 215 亿元。 第二批数据中心项目涉及中联云港数据科技、上海德衡数据科技、广东韶智数字科技、北京首都在线科技、广东云下汇金科技、东莞市康华投资集团、中电鹰硕（深圳）智慧互联 7 家大数据企业。总投资额达 1200 亿元
成渝	天府集群	截至 2022 年第一季度，重庆数据中心集群已具备 9 万标准机架、45 万台服务器的支撑能力	到 2025 年，天府集群 5G 基站数量 25 万个，覆盖用户超 60%。数据中心机架数量为 50 万，算力水平为 500 PFLOPS	（1）腾讯西部云计算数据中心二期、中国联通西南数据中心三期、重庆有线智慧广电数据中心一期、两江云计算二期四个续建项目正在推进； （2）西部（重庆）科学城先进数据中心项目总投资不低于 20 亿元，将建设安装 144 个超高密度液冷机架和 208 个风冷机架，建成后可提供总计包含 72.3 万个国产高性能 x86 处理器核心、1760

续表

国家枢纽节点	数据中心集群	发展现状	发展目标	在建重大项目、工程
成渝	重庆集群	截至2022年第一季度，重庆数据中心集群已具备9万标准机架、45万台服务器的支撑能力	到2025年，全市达到50万标准机架规模，总体上架率>75%，PUE（评价数据中心能源效率的指标）≤1.3	块国产高性能计算加速卡的9720个通用计算节点和1800个智能计算节点；（3）中国移动成渝（重庆）江南数据中心项目进入实质性实施阶段，建成后将形成拥有1万机架、10万台高性能服务器的高性能数据中心，计算速度可达到每秒40亿亿次
内蒙古	和林格尔集群	截至2022年5月，全区已建成数据中心26个，服务器总装机能力约156万台、15.6万标准机架，约14万在建机架。内蒙古国家算力枢纽节点（乌兰察布）智算中心"扶摇"算力规模达600 PFLOPS；截至2022年7月，和林格尔数据中心集群在建和已建成数据中心25个，装机能力超300万台	力争到2025年，将内蒙古节点初步打造成为我国北方算力中心和国家枢纽节点示范区，形成一批"东数西算"典型示范场景和应用，有效发挥规模化、集约化、绿色化数据中心集群效应	全年新建、续建数据中心项目14个，总投资685.69亿元。推动中国电信、中国移动数据中心二期新建机房楼、中数兴盛北方数据湖项目开工建设，确保东方国信工业互联网北方区域中心一期建成。加快建设中国银行总行金融科技中心，开工建设中国农业银行、中国建设银行总行金融科技中心、内蒙古农信社信息科技中心。截至2022年7月，和林格尔数据中心已签约拟开工数据中心12个，装机能力近250万台，与中国移动内蒙古公司，内蒙古大学与中国移动内蒙古公司分别签订了战略合作协议
贵州	贵安集群	2020年全省重点数据中心共23个，数据中心服务器承载能力达到18.6万标准机架。2022年已投用26个重点数据中心，总算力规模超过780 PFLOPS	到2025年，贵州全省数据中心达到80万标准机架、服务器达到400万台，集群数据中心平均上架率不低于65%，提高可再生能源使用率，新建大型以上数据中心PUE低于1.2	2022年第一季度，在贵安数据中心集群内启动4个数据中心项目，预计新增规模超3万标准机架

续表

国家枢纽节点	数据中心集群	发展现状	发展目标	在建重大项目、工程
甘肃	庆阳集群	截至2020年年底，全省在用数据中心66个，11.05万机架。在建数据中心6个，约6503机架，均为中小型数据中心	到2023年年底，庆阳国家数据中心集群新增15万标准机架。到2025年年底，累计新增30万标准机架，数字经济核心产业产值达到1000亿元	累计对接顶层大数据企业100余家，已与21家数字经济产业链头部企业签订合作协议；建成开通直连西安、兰州网络链路；2022年实施重大项目12个，总投资113.11亿元，其中国家示范项目2个，总投资23.68亿元，已开工项目8个，完成投资5.1亿元。2022年8月，甘肃庆阳"东数西算"项目获得5.5亿元政策性开发性金融工具（基金）支持
宁夏	中卫集群	已建成数据中心机房总面积达25万平方米，安装了3万余机架，服务器装机能力达到60万台，上线服务器近40万台，累计完成投资85亿元	"十四五"期间，宁夏枢纽节点规模为72万个机柜，服务器上架率大于85%，平均PUE值小于1.2，数据中心可再生能源使用率大于65%，自主可控率大于90%。谋划重大项目21个，努力实现"3个千亿"目标	总体投资超7000亿元，拉动大数据及相关产业规模达到万亿级，其中起步区建设谋划了七大工程46个重大项目，总投资超3000亿元。目前已与宁夏移动、中电工程、中兴通讯、腾讯等多家企业签署14个战略合作协议，协议金额达2710亿元

内容来源：赛迪电子所《先进计算产业发展白皮书》，2023年11月。

（二）算力基础设施发展现状与建设目标鸿沟仍存

国家层面"东数西算"数据中心部署与运营商网络部署存在一定脱节现象。目前，算力网络正处于发展初期，其结构设计和实施策略尚未达成广泛一致。尽管各大服务提供商为支持国家的"东数西算"工程提供了多种部署方案，但国内的算力基础设施之间仍然缺乏有效的协作和资源共享，导致算力资源的孤立现象，这阻碍了不同地区间算力资源的有效整合和协同工作。

算力跨区域调度、服务，算力交易市场化机制、算力度量标准等有待确立。作为算力网络的关键度量单位，"算力"本身的定义及其评价标准目前还未形成统一意见。算力资源的管理和量化、算力计费较难统一，需要对不同算法、资源提供的算力进行统一度量，构建面向用户实际算力需求的度量体系，同时完善计算资源性能指标，提供对外统一的算力服务模型，形成层次化的算力资源体系。

算力网络的数据安全、网络安全问题日益凸显。算力网络涉及海量计算数据和泛在的计算节点，具有算力泛化、融通东西、算网共生、灵活连接等特点，将产生更多的资产暴露面和更高的连接频次，在数据跨区域、长距离流通过程中面临数据泄露、窃取、攻击、篡改等风险，对数据"全领域、全要素、全类型"安全提出了更高的要求。

算力基础设施"价值释放"的良性循环路径尚未畅通。算力基础设施作为资本密集型领域，具有前期投入规模大、投资周期长、短期回报有限等特点。以2022年为例，"东数西算"10个国家数据中心集群带动投资超过2000亿元，但现有资金和预期投资需求缺口较大，商业模式和投资盈利模式尚不清晰，亟待稳定的投融资途径以支撑超大规模市场建设与服务，有效盘活算力价值，畅通"价值释放"良性循环途径。

算力基础设施建设面临"由谁投""如何投""钱哪来"的困难。近年来，国家对政府隐性债务和非标融资的监管力度不断加大，各级政府对新型基础设施建设的增量投资受限。算力基础设施建设作为高达万亿元级的新兴投融资领域，仅靠各级政府、银行等传统投资主体难以获得可持续的投资回报价值和动力，无法支撑算力基础设施建设。

算力基础设施建设需求不清晰、盈利模式不确定、市场主体积极性较弱。算力基础设施的"价值释放"在于高效利用而非盲目建设，当前我国东西部地区算力供需不匹配，西部地区缺乏高算力需求的应用场景，数据中心上架率仅33.9%。算力基础设施的商业运营模式尚不清晰、算力需求尚未充分释放，企业投资面临风险高、难度大、收益不可控等问题，难以调动社会资本和市场主体参与的积极性、主动性。如何畅通良好的商业模式，形成政府引导、企业主导、市场运作的投融资格局是未来算力基础设施建设面临的重要挑战，应积极发挥市场力量，以国有资产主动投入带动社会资本参与，以市场需求倒逼资金需求，为产业发展提供更强的动力。

第四篇
计算产业：算力经济发展主导权的必争之地

计算产业是国家战略性、基础性、先导性产业，是算力经济的核心驱动，是国民经济发展的重要引擎。它具有技术更新快、产品附加值高、应用领域广、渗透能力强等特点，不仅能够提供高附加值产品，而且能够赋能产业数字化、数字产业化进程，创新更多的业务应用场景，有助于推动制造、交通、能源、医疗等多个行业突破瓶颈，促进经济增长，提升生产效率，加快产业结构升级，创新商业模式，优化用户体验，改善人民生活水平，拉动产业增值，创造新的市场增长。目前，我国算力经济蓬勃发展和社会数智化转型加速，牵引计算产业飞跃式发展。

发展计算产业是全球经济和科技竞争的焦点。计算产业历经半个世纪的发展，持续改变着社会与产业。我国提出"提升供给体系对国内需求的适配性，以高质量供给满足日益升级的国内市场需求，形成需求牵引供给、供给创造需求的更高水平的动态平衡"。计算产业发展步伐与现代化社会高度同步，以人工智能、云计算、大数据等新兴技术为标志的现代化社会对计算产业提出了前所未有的需求，不断牵引着计算产业发展。在全球经济与产业竞争日趋集中、争夺数字经济与前沿产业发展主导权的背景下，计算产业正深刻影响着新一轮科技革命和产业变革的走向，进而重塑全球经济结构，推动各国经济与技术发展。目前，计算产业已经成为衡量国家经济社会发展的重要指标,是世界各国抢占算力经济发展主导权的必争之地。

  本篇主要对计算产业的相关概念、发展现状和竞争态势进行介绍。第七章主要对计算产业的边界和门类进行介绍,系统、完整地展示了计算产业体系架构;第八章就计算产业中的代表性产品进行分析,介绍了计算产业的发展现状。

CHAPTER 7 | 第七章
计算产业边界和门类

随着人工智能、云计算、大数据等新一代信息技术的快速发展，多元化应用场景不断涌现，计算技术酝酿大变革，产业生态不断健全，计算产业的概念不断丰富，边界和门类持续拓展。本章从计算产业的概念体系、内涵和外延，以及统计体系三个维度来介绍计算产业的边界和门类。

第一节　计算产业的概念体系

计算产业是指以计算能力为核心，以硬件、软件和服务为支撑的产业，旨在提供高性能计算和处理能力。它涵盖了从传统计算到新兴技术的各种领域，如云计算、边缘计算、分布式计算、量子计算等。具体来讲，计算产业包括硬件领域，如计算机、服务器、存储设备、芯片等；软件领域，如操作系统、应用软件、游戏等；网络领域，如互联网、物联网、云计算等；服务领域，如信息技术咨询、IT 外包等。这些领域相互关联、相互支撑，构成了计算产业生态系统。

计算产业的体系框架，既包括服务于经济社会发展的计算能力（算力基础设施），驱动算力算据发挥作用的理论、架构和方法，计算软硬件及其生态，也包括赋能行业数字化转型的计算应用（见图 7-1）。对于算力而言，主要为支撑计算运行的硬件相关行业，包括计算机、通信及其他设备制造业中的计算机制造和 SoC（系统集成芯片）等芯片制造业；对于算据而言，主要体现在数据接入和存储上，包括互联网和相关服务中的互联网接入及相关服务、互联网平台、互联网数据服务，以及软件和信息服务业中的信息技术服务业、信息安全业；对于算法而言，主要体现在运用平台、软件等提供相关服务，包括软件和信息服务业中的软件产品、信息技术服务、嵌入式系统软件。

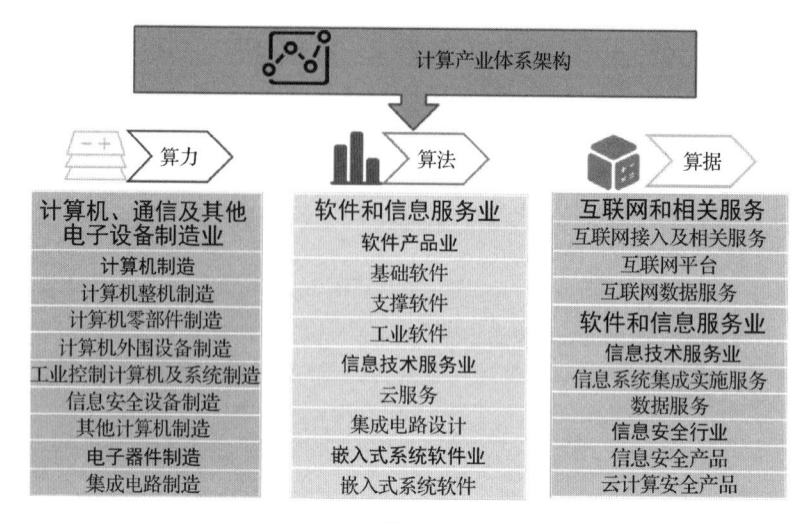

图 7-1 计算产业体系架构

（内容来源：赛迪智库整理，2023 年 11 月）

第二节　计算产业的内涵和外延

（一）计算产业的内涵

当前，计算产业分为两部分：外围产业和核心产业。外围产业源于核心计算产业与各行业应用的结合，旨在满足特定行业需求，主要提供定制化的应用和服务。一方面提供满足行业需求的、通用的平台与服务；另一方面推动核心计算产业与行业应用的紧密结合，形成工业互联网、智能交通、智慧城市等综合解决方案。核心产业是计算产业的基础，属于信息技术产业，以软硬件的方式对外提供计算与服务能力。它不仅涵盖了传统信息技术领域的处理器、服务器、操作系统、中间件、数据库和基础软件等产品及其相关服务，还包括人工智能芯片、异构处理器、物联网、边缘计算等新兴技术。在核心产业中，基于物联网和边缘计算的架构预示着计算产业未来的增长潜力。

（二）计算产业的外延

在万物互联的时代背景下，计算产业的边界不断拓展。为迎合多样化的异构计算能力和广泛的算力需求，计算产业已经发展成为一个包含多种计算架构、技术融合、跨领域合作以及深入多个行业内部的综合性软硬件产业体系。

第一，从计算架构来看，计算产业不再局限于传统的 x86 架构，而是包含了异构处理器、AI 处理器等多种形式。这些架构根据特定行业的需求和计算能力的要求而并存，如 ARM 架构的 RISC（精简指令集计算机）处理器、为特定计算任务优化的 ASIC（专用集成电路）和 FPGA（可编程门阵列）芯片等，在分布式数据库、大数据处理、Web 前端等高并发场景中展现出卓越的性能。

第二，从技术融合来看，人工智能、量子计算、类脑计算等前沿技术与计算产业的结合，极大地增强了计算能力。例如，人工智能处理单元如 TPU（张量处理器）、NPU（神经网络处理器）等在智能摄像头、自动驾驶等应用中的普及，使得结合通用处理器和深度学习加速器的边缘计算架构成为新常态。

第三，从领域协同来看，数据的泛在分布促使计算从云端向物联网和边缘计算扩展，实现了计算的无处不在。5G 技术的低延迟、高带宽和高连接密度特性，打破了传统数据中心与边缘设备、终端设备之间的界限，推动了网络功能虚拟化、云游戏、云虚拟现实等新业务的快速发展。

第四，从行业渗透来看，计算已经跨越信息技术产业本身，成为数字化基础设施，有力支撑了制造业、汽车行业、智慧城市等多个领域的数字化进程。

第三节　计算产业的统计体系

本节根据电子信息制造业统计，从统计角度拆解数字经济核心产业，析出计算产业各个环节所包含的统计门类，并提出供地方政府参考的计算产业统计体系，见表 7-1。

表 7-1 计算产业统计参考体系

算力相关统计条目			
计算机、通信和其他电子设备制造业			
计算机制造			
计算机整机制造	计算机工作站	高性能计算机	
		工作站	
	微型计算机设备	台式微型计算机	
		便携式微型计算机	笔记本计算机
			其中：二合一笔记本
			平板计算机
	服务器		
	电子计算机数字式处理部件	工业控制计算机	
计算机零部件制造	电子计算机零部件制造		
计算机外围设备制造	输入设备		
	输出设备		
	外存储设备		
	其中：海量存储设备		
	阅读机、数据转录及处理机械		
	其他电子计算机外部设备		
计算机应用产品制造	汽车电子	动力总成控制系统	
		电机控制系统	
		制动防抱死系统（ABS）	
		电子制动力分配系统（EBD）	
		电驱动控制系统	
		电机驱动控制系统（新能源）	
		整车控制系统	
		电池管理系统	
		新能源汽车高压电气系统	
		汽车多媒体	
	工业自动控制系统装置制造	可编程逻辑控制器（PLC）	
		集散控制系统（DCS）	

续表

算力相关统计条目			
计算机、通信和其他电子设备制造业			
计算机应用产品制造	工业自动控制系统装置制造	数据采集与监视控制系统（SCADA）	
		远程终端控制系统（RTU）	
		人机接口（HMI）	
		可编程自动化控制器（PAC）	
		其他工控装置	
	其他应用产品	5G 行业终端	
		摄像头	4K 摄像头
			8K 摄像头
		其他应用产品	
信息系统安全产品制造	边界防护类设备和系统		
	数据保护类设备和系统		
	安全检测类设备和系统		
	安全智能卡类设备和系统		
	密钥管理类设备和系统		
电子器件制造			
集成电路制造	集成电路制造	硅基集成电路制造	6 英寸及 6 英寸以下集成电路硅片
			8 英寸集成电路硅片
			12 英寸集成电路硅片
		光电集成电路制造	
		混合集成电路制造	
		其他集成电路制造	
	集成电路封装测试	封装	双列直插形式封装（DIP）/单列直插式封装（SIP）/Z 形直插式封装（ZIP）系列
			其中：3DSIP
			塑料方型扁平式封装（QFP）系列
			球栅阵列封装（BGA）/格栅阵列封装（PGA）系列
			晶圆级封装（WLP）/倒片封装（FlipChip）系列
			其他封装测试系列
		测试	晶圆测试
			成品测试

续表

算法相关统计条目			
软件和信息服务业			
软件产品行业	基础软件	操作系统	
		数据库管理系统	
		中间件	
		办公软件	
		其他	
	支撑软件	开发工具	
		测试工具软件	
		其他支撑软件	
	工业软件	产品研发设计类软件	
		生产控制类软件	
		业务管理类软件	
信息技术服务行业	云服务	基础设施即服务（IaaS）	
		平台即服务（PaaS）	
		软件即服务（SaaS）	
	集成电路设计	微控器件	
		逻辑电路	
		存储器	
		模拟电路	
		其他电路	
		智能卡芯片及电子标签芯片	
		微波单片集成电路	
		物联网模组	
		其他集成电路产品	
嵌入式系统软件行业	嵌入式系统软件		
算据相关统计条目			
互联网接入及相关服务			
互联网平台	互联网生产服务平台		
	互联网生活服务平台		
	互联网科技创新平台		
	互联网公共服务平台		
	其他互联网平台		

续表

算据相关统计条目				
互联网接入及相关服务				
互联网数据服务	互联网数据服务			
软件和信息服务业				
信息技术服务行业	信息系统集成实施服务	智能制造系统集成实施服务		
		其他集成实施服务		
	数据服务	大数据服务	大数据采集服务	
			大数据分析挖掘服务	
			大数据可视化服务	
			大数据应用综合解决方案	
		数据加工处理服务（非海量）		
		数字内容处理服务	地理遥感信息服务	
			动漫、游戏等数字内容服务	
			其他数字内容处理服务	
信息安全行业	信息安全产品	基础类安全产品		
		终端与数字内容安全产品		
		网络与边界安全产品		
		专用安全产品		
		安全测试评估与服务产品		
		安全管理产品		
	云计算安全产品			

内容来源：赛迪智库整理，2023年8月。

CHAPTER 8 第八章
计算产业发展现状

第一节　通用计算产品及服务

通用算力描述的是计算机处理各类计算任务的能力，主要涉及处理器的计算效率，如中央处理器（Central Processing Unit，CPU）的浮点运算速度、内存容量、硬盘存储速度等，目的是在科学计算、数据处理、游戏娱乐等应用场景中提供高效、稳定的计算性能。

（一）通用计算芯片架构

我国的通用计算产业正在以多个生态的形式向前推进：以海光、兆芯为代表的 x86 架构，以海思、飞腾为代表的 ARM 架构，以龙芯中科（loongISA）为代表的 MIPS 架构，以申威为代表的 alpha 架构。

1. 飞腾：PK 生态的主导者

飞腾 CPU 作为 PK（Phytium 处理器和 Kylin 操作系统）体系核心，基于 ARMv8 指令集架构永久授权实现自主设计下产品迭代。 作为国内首批获得 ARMv8 授权的芯片设计企业，飞腾芯片架构与国际主流接轨，内置了完全自主研发的芯片，确保了产品的自主性、通用性和可控性。飞腾已经建立了包括高效桌面 CPU、高性能服务器 CPU 和高端嵌入式 CPU 在内的全面产品系列，为各类端到端设备提供核心计算支持。

飞腾 CPU 产品谱系不断完善，芯片性能不断提升。 自 2020 年起，飞腾对高效能桌面 CPU、高性能服务器 CPU 和高端嵌入式 CPU 三大产品线进行了全面升级。基于 S2500 的 8 路服务器是目前最高性能的国产服务器系统，多条产品线为从端到云的各类设备提供核心算力支撑。**高效能桌面 CPU 方面**，2020 年推出的 D2000 型号支持 8 个自主研发的 FTC663 高性能处理内核，兼容 64 位 ARMv8 指令集，二级缓存加倍，TDP 功耗为 25W，并集成了丰富的 I/O 接口，支持飞腾自定的 PSPA1.0 处理器安全架构标准，满足了复杂应用场景对性能和安全性的需求，其性能与 Intel Core i5 相当。**高性能服务器 CPU 方面**，2020 年发布的 S2500 采用 16nm 工艺，配备多达 64 个 FTC663 核心，支持 2～8 路并行处理，主频为 2.0～2.2GHz，拥有 64MB 三级缓存和八通道 DDR4-3200 内存，针对多路互联市场优化了体系架构，提升了安全性，并在数据库和虚拟机等应用中表现出显著的性能提升，有效弥补了飞腾在高端多路服务器市场的不足，整体性能可与 Intel Xeon Gold 5118 系列相媲美。**高端嵌入式 CPU 方面**，2021 年推出的 E2000 系列包括 E2000Q、E2000D、E2000S 三种型号，集成了自主研发的高能效处理内核，升级了嵌入式 CPU 产品，并与多家整机板卡企业合作，推出了面向高端嵌入式市场的 E2000 行业开发板，显著扩展了飞腾的生态系统。

2. 鲲鹏：华为计算生态底座

鲲鹏是华为计算产业的主力芯片之一，具备"端边云算力同构"的优势。鲲鹏 CPU 基于 ARMv8 架构，处理器核、微架构和芯片均由华为自主研发设计。为满足新算力需求，华为围绕"鲲鹏+昇腾"构筑双算力引擎，打造"算、存、传、管、智"五个子系统的芯片族，实现了计算芯片的全面自研。鲲鹏系列包括服务器和 PC 处理器。近年来，华为先后推出 Hi1610、Hi1612、Hi1616 等服务器 CPU 产品，不断实现主频与核数的提升，2019 年 1 月，华为宣布推出鲲鹏 920，以及基于鲲鹏 920 的泰山服务器和华为云服务。鲲鹏 920 采用 7 nm 制造工艺，支持 64 内核，主频可达 2.6 GHz，集成 8 通道 DDR4，支持 PCIe 4.0 及 CCIX 接口，可提供 640 Gbps 总带宽。鲲鹏 920 与鲲鹏 920s 可分别用于服务器和 PC。

突破 ARM 体系应用边界，主攻服务器市场。ARM 架构以其出色的能效比著称，尽管传统上更适用于轻量级任务，但在 PC 和服务器等高性能需求场景中曾面临挑战。然而，随着 ARM 公司发布了针对新一代基础设施和多元应用场景的 Neoverse 处理器 IP 发展蓝图，ARM 技术的应用范围得到了显著扩展，尤其是在大型数据中心领域占据了重要地位。对于华为的鲲鹏系列而言，鲲鹏 920 和鲲鹏 920s 处理器主要定位于服务器和云计算市场，鲲鹏芯片凭借基于 ARM 的高性能服务器 CPU，已跻身高性能计算领域的领先行列。

3. 海光：国产 x86 代表厂商

基于 AMD 技术授权，产品性能处于国内领先水平。2016 年，海光信息技术有限公司（以下简称海光）与 AMD 建立了合作伙伴关系，获得了 x86 架构的使用权。成都海光微电子技术有限公司持有授权的 IP，并承担芯片制造的任务，成都海光集成电路设计有限公司则负责芯片的设计和市场销售。利用 AMD 提供的 Zen1 架构，海光成功研发了 8 核心的桌面处理器 Dhyana 和 32 核心的服务器处理器 Dhyana Plus。这样的股权安排使海光能够在避免触犯 Intel x86 授权条款的同时，保持与 x86 生态系统的良好兼容性，从而降低了应用迁移的成本。

以海光通用处理器和协处理器双轮驱动，面向不同应用场景需求。海光主打"高性能、安全可靠、成熟生态"的理念，提供包括 CPU 和 DCU（协处理器）在内的产品线，兼容 Windows 和 Linux 等主流操作系统，并支持各种数据库、中间件、人工智能算法和云服务平台的不同版本。海光 CPU 专注满足复杂逻辑计算和多任务调度等通用计算需求，与国际标准的 x86 架构保持一致，并遵循最新的技术发展路线。它采用了先进的制造工艺，拥有卓越的系统架构，以及丰富的软硬件生态系统。海光 CPU 还支持国家加密标准算法，增强了安全指令集，并内置了专门的安全算法加速硬件，以支持可信计算环境，显著提高了高端处理器的安全性能，为用户提供了更强的数据安全保护。

兼容 x86 生态，应用市场较为成熟。海光处理器支持目前市场上广泛使用的 x86 指令集，并拥有一个成熟完善的应用生态。这些处理器内置了专门的安全硬件组件，遵循通用的可信计算准则，能够主动进行安全防护，有效减少潜在的安全风险,满足了日益增长的信息安全需求。针对企业级计算、云服务数据中心、大数据分析、人工智能及边缘计算等多个领域,海光推出了多款不同规格的处理器核心,以适应互联网、电信、金融、交通、能源及中小企业等行业的广泛需求。

4．兆芯：国产 x86 阵营合资代表

拥有部分 x86 技术产权,架构相对老旧,面临产品换代问题。兆芯由上海国资委控股,联合威盛电子股份有限公司(以下简称威盛电子)共同成立。威盛电子于 1999 年通过收购 Cyrix 得到 x86 专利,而 Cyrix 最早是通过打赢官司,与 Intel(英特尔)、AMD 交叉授权共同持有 x86 指令集的。此后,威盛电子进一步收购了具有高性能 x86 微架构设计能力的 Centaur,形成了较完整的 x86 处理器开发能力,因此拥有设计、生产 x86 芯片的权利。2020 年,兆芯以 2.57 亿美元获得了威盛电子部分 x86 芯片相关技术和 IP 产权。尽管兆芯的产品研发速度较快且最新产品性能基本达到主流水平,但由于兆芯获得的是源自威盛电子相对老旧的 x86 CPU 架构,其版权已于 2018 年到期,因此兆芯的产品和海光一样面临着未来产品换代和生态更新的问题,导致兆芯过去的产品性能相较同期竞品仍有差距;未来,不再更新的指令集系统与新的软件生态的适配性可能会出现越来越多的问题,影响主机整体系统的先进性。

具备良好的操作系统和软硬件兼容性,推进行业应用与产业链合作。兆芯的 CPU 及其配套芯片组已被广泛集成于各类计算机产品,包括台式机、笔记本计算机、一体式计算机、服务器等设备的开发与设计。在嵌入式市场,兆芯的通用处理器被用于制造多种规格的工业主板、模块化计算机、工业设备、Box PC、工业级服务器和网络安全设备。在产业链合作方面,兆芯与合作伙伴紧密协作,为金融、教育、交通、能源、网络安全、医疗和通信等多个行业提供了丰富的产品和解决方案,帮助客户实现应用的无缝迁移。目前,基于兆芯新款处理器(KX-6000/KH-30000),包括联想、同方、东海、

海尔、锐捷、升腾、攀升在内的多个品牌已经推出了超过 20 款不同款式的桌面计算机和服务器产品。同时，研华、研祥等 30 多个品牌也推出了工业主板、工业计算机模块和嵌入式计算平台，以及 30 多种网络安全平台。

5. 龙芯中科：CPU 国产化探索者

技术源于中国科学院计算技术研究所，是国内唯一坚持基于自主指令系统构建独立于 Wintel 体系和 AA 体系的 CPU 企业。龙芯中科技术股份有限公司（以下简称龙芯中科）成立于 2010 年，是中国科学院计算技术研究所主导成立的第一家以构建独立生态系统为目标的 CPU 上市公司。在公司发展的早期阶段，龙芯中科获得了 MIPS 架构的授权，并决定采用一个开放性较高的指令集架构，同时结合自主研发的策略。在此基础上，公司对 MIPS 指令集进行了扩展，增加了数百条自定义指令，创建了与 MIPS 兼容的 LoongISA 指令系统，并已在多款 CPU 芯片中实施应用。

6. 申威：专用领域 CPU 代表

由 Alpha 转向自研，从超算走向通用，超算性能全球领先。申威处理器以 Alpha 指令集为基础进行拓展，高度自主可控。Alpha 指令集由美国 DEC 公司研制，主要用于 64 位的 RISC 微处理器。DEC 公司后被美国惠普收购，江南计算技术研究所购买了 Alpha 指令集的所有设计资料，并基于原来的 Alpha 指令集，开发出更多自主知识产权的指令集，研制申威指令系统，推出了申威处理器。申威处理器是在国家"核高基"重大专项支持下，由上海高性能集成电路设计中心研制的全国产处理器。首颗申威处理器"SW-1"于 2006 年研制成功，其基于 Alpha 架构、130nm 工艺，主频为 900MHz。2008 年，申威 2 双核 CPU 推出，同为 130nm 工艺、主频为 1.4GHz。2010 年，申威 1600 十六核 CPU 推出，65nm 工艺，运用于神威蓝光超算。2012 年，申威 1610、410 相继推出，均为 40nm 工艺、主频为 1.6GHz，分别用于服务器和个人计算机。申威 26010 处理器的峰值性能大于每秒 12.5 万万亿次浮点运算结果，峰值速度、持续性能、性能功耗比均排在世界前列。

成都申威科技有限责任公司（以下简称申威）现已形成多线程处理器、单核处理器、多核处理器三大产品线，技术安全性成为专用领域 CPU 首选。多线程处理器方面，公司产品为申威 26010，主要用于超算。单核处理器方面，公司产品为申威 111，已达到国军标 B 级，可以面向军工、工控等领域应用。多核处理器方面，申威有 221、411、421/421M 等一系列产品，满足桌面和服务器领域需求。申威自主可控软件生态系统采用 Linux 开源移植与自主研发相结合的方式，与 Wintel 体系及 x86-Linux 体系相比较，申威软件生态系统在基础软件和部分应用软件上都有对应的自主软件产品，支撑了申威处理器平台的产业化发展。申威 432 和 443 均为 4 核 CPU，分别采用第四代和第五代申威核心，主频分别达 2.2~2.5GHz 和 2.8~3.0GHz，综合性能分别达到同期国际主流桌面 CPU 的 60%和 80%。申威 3232 为 32 核 CPU，主要面向云计算、大数据领域，综合性能预计为同期英特尔主流服务器 CPU 的 60%~70%。**技术安全性成为专用领域首选。**作为专用领域 CPU 供给商，出于安全性能及知识产权角度，申威在研发出第一代基于 Alpha 指令集的 CPU 后，开始将指令集替换为自研自主可控的申威 64 位指令集。因此，基于完全自主指令集架构的申威 CPU 研发能力不受美国制裁的限制，产品经过军工认证，可以为军队、党政机关等高机密、关键行业持续稳定提供支撑。

（二）通用服务器

1. 白牌服务器

以超微、广达为代表的白牌服务器厂商属于原始设计制造商（Original Design Manufacturer，ODM），ODM 根据品牌服务器厂商的委托完成硬件生产，加贴委托方商标并交付给品牌持有者进行销售。白牌服务器厂商凭借其技术优势承担服务器设计工作，多数客户倾向于绕过品牌商向 ODM 直接订购服务器成品，白牌服务器生产模式的兴起对传统品牌服务器厂商造成冲击,导致其市场份额被挤压,出货量下降。

2. 品牌服务器

以浪潮、华为、新华三为代表的品牌服务器,占据服务器市场 59%的份额,中国终端服务器自产率较高,市场高度成熟,部分匹配服务器厂商逐渐向高端服务器市场渗透,打破了国际品牌在高端服务器市场的垄断局面。浪潮、华为、中科曙光等国产服务器品牌不仅在销量上占据较高市场份额,并且在高端服务器领域持续实现技术突破。

产业链方面,超算上游主要包括硬件(计算、存储、网络等)、软件(基础软件、应用软件等)、配套基础设施资源(配电、制冷等);中游对上游的资源进行整合,提供强大的超算资源并为相关需求行业提供超算服务及解决方案;下游是应用层,包括超算衍生产业和重点应用领域。

产业链上游主要是芯片、存储等硬件设备制造业及软件行业。当前,上游具有较大影响力的制造商主要是英特尔、AMD、希捷、三星等国外知名企业,上述企业规模大、发展稳定、货源充足、质量稳定。从整体来看,上游企业的稳定有利于本行业发展。同时,随着国内上游企业的发展壮大,零部件采购价格总体呈下降趋势,有利于提高国内高端计算机企业的竞争力。**产业链中游**主要是超级计算机。经过近十年的快速发展,我国超算规模不断扩大。**产业链下游**主要是为国民经济各行业信息化建设提供服务,其下游为政府、能源、互联网、教育、国防等行业客户,涵盖国家基础设施、电子政务、企业信息化和城市信息化等领域。目前,我国国民经济各行业发展形势良好,各行业的信息化建设需求仍然旺盛,这对我国超级计算机行业发展提供了广阔的市场空间。同时,下游行业客户对超级计算机产品的技术先进性、可靠性要求也在逐步提高,使超级计算机企业必须不断地加大产品研发投入和加强技术创新能力,以更好地满足客户的需求。

（三）通用算力

云计算是通用算力和智能算力最主要的计算服务提供方式和解决方案。云计算是一种基于互联网的计算方式，通过这种方式共享软硬件资源。云计算是分布式计算、并行计算、网格计算、效用计算、网络存储、虚拟化、负载均衡、热备份冗余等传统计算机和网络技术发展融合的产物。云计算整合了软硬件资源，具有大规模的存储和处理能力，可以通过网络为企业和个人用户提供强大的技术保障和计算服务。云计算还具有超大规模、虚拟化、按需分配服务、高可靠性、可动态伸缩等特点。应用领域方面，云计算技术正在从互联网行业向传统行业覆盖，进一步促进互联网脱虚向实，为传统产业的发展赋能。当前云计算的应用已经扩展到装备制造、医疗、教育、交通、金融、农业等领域。随着云计算技术的不断发展，未来其应用范围将进一步扩大。

分类方面，目前云计算主要按照服务类型和部署范围进行分类。按照服务类型，云计算可以分为**基础设施云、平台云和应用云**三种：基础设施云为用户提供的是接近于硬件资源直接操作的底层服务接口。通过调用这些接口，用户可以直接获得计算和存储能力，而且非常自由和灵活，几乎没有逻辑限制；平台云为用户提供一个托管平台，将他们开发和运营的应用程序托管在云平台上；应用云为用户提供可以直接使用的应用程序。根据部署范围的不同，云计算可以分为**公有云、私有云和混合云**三种：公有云是通过互联网向客户提供服务的云，即所有的基础设施都由云服务提供商处理，用户只需要接入网络终端；私有云是企业利用自己的基础设施建设的云，其提供的服务只针对自己的内部人员或分支机构；混合云指部分使用公有云、部分使用私有云所构成的云，其提供的服务可供他人使用。

产业链方面，云计算产业上游主要为芯片厂商和基础设备提供商，基础设备主要有服务器、路由器、交换机、光模块、光纤等。云计算产业中游为云服务厂商，下游为云计算服务的应用领域（见图8-1）。

产业链上游主要有各类芯片及基础设施。芯片主要包括 CPU 芯片、BMC 芯片、GPU 芯片、交换机芯片、光芯片、内存接口芯片等,是基础设备的重要组成部分。基础设备提供商将服务器、路由器、交换机等设备出售给 IDC 厂商或直接出售给云服务商,其中,服务器是基础网络的核心构成,占硬件成本的 60%~70%。CPU、BMC、GPU、内存接口芯片、交换机芯片等是基础设备的重要构成。光模块是实现数据通信的重要光学器件,广泛用于数据中心,光芯片是其中的核心硬件。

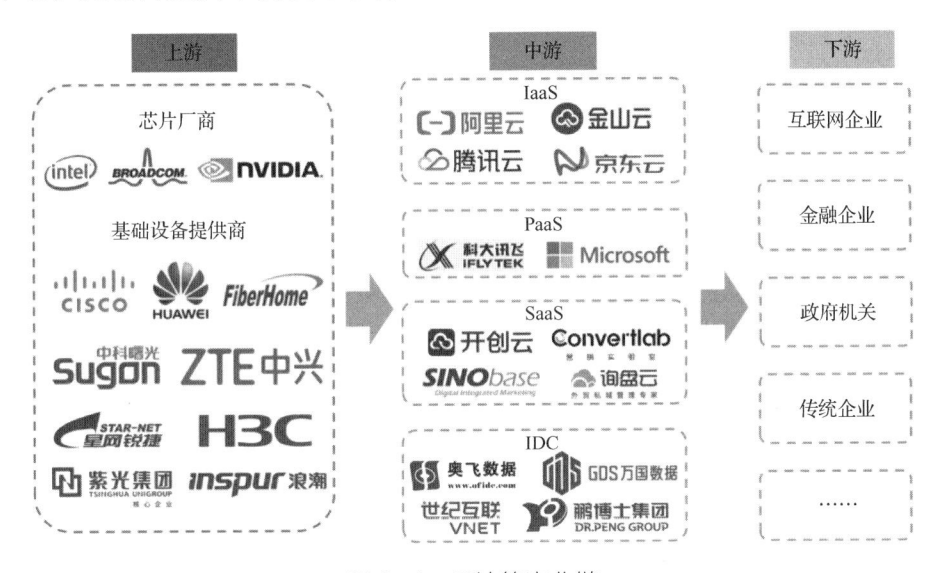

图 8-1 云计算产业链

(内容来源:公开资料,赛迪智库整理,2023 年 8 月)

基础设施主要包括云计算服务器、存储设备、网络设备等。云计算服务器是云计算基础设施中最为重要的硬件设备之一,是提供云计算服务的主要载体。云计算服务器通常采用集群的方式组织,在这种模式下,多台服务器通过网络连接在一起,形成一个云计算集群。云计算服务器应具备高可靠性、高性能、高扩展性等特点,以满足大规模云计算应用的需求。存储设备是云计算基础设施中的重要组成部分,用于存储云计算系统的各种数据和应用。云计算存储设备通常采用分布式存储技术,将数据分散存储在多个服务器上,以提高数据的可靠性和可用性。常用的存储设备包括硬盘阵列、网络存储设备等。网络设备是云计算基础设施中的重要组成部分，用于连接云计算系统中的各个组件。云计算网络设备需要具备高带宽、低延迟、高可靠性等特点，常用的网络设备包括交换机、路由器、防火墙等。

产业链中游主要是云服务厂商，按服务类型可分为基础设施服务层、平台服务层、软件服务层。云计算产业链的核心是云服务厂商，海内外主要的厂商有亚马逊、微软、谷歌、脸书、苹果、阿里巴巴、腾讯等互联网转型企业，提供弹性计算、网络、存储、应用等服务。互联网数据中心厂商为之提供基础的机房、设备、水电等资源。**全球公有云市场方面**，据 Gartner 的统计结果，2022 年全球 IaaS 市场规模从 2021 年的 928 亿美元增长到 1203 亿美元，同比增长 29.7%。亚马逊以 481 亿美元的收入和 40%的市场份额居第一位，微软以 21.5%的市场份额居第二位，阿里巴巴以 7.7%的市场份额居第三位。中国公有云服务整体市场规模为 188.4 亿美元，其中，IaaS 市场同比增长 15.7%，PaaS 市场同比增长 31.8%。

产业链下游是云计算服务的应用领域，主要为互联网、金融、政府机关、传统企业等行业。随着当前经济社会数字化转型步伐的不断深入，云计算作为数字经济的重要"底座"，正在赋能千行百业转型升级，企业上云、用云持续深入，云计算服务模式创新提速，云安全重要性日渐提升。近年来，人工智能大模型的爆发式增长进一步为云计算产业发展带来良好机遇。目前，云计算已经成为承载各类应用的关键基础设施，并为大数据、物联网、人工智能等新兴领域的发展提供基础支撑。

市场规模方面，随着全社会的数字化转型，云计算的渗透率大幅提升，市场规模持续扩张，全球云计算产业呈现稳健发展的良好态势。根据《云计算白皮书（2023 年）》，2022 年全球云计算市场规模约 4910 亿美元，增速为 19%。在大模型、算力等需求刺激下，该市场仍将保持稳定增长，到 2026 年，预计全球云计算市场规模逾 10 万亿元（见图 8-2）。此外，2022 年我国云计算市场规模为 4550 亿元，同比增长 40.91%。与全球 19%的增速相比，我国云计算市场仍处于快速发展期，预计 2025 年我国云计算整体市场规模将超万亿元。

图 8-2 2016—2022 年全球云计算市场规模统计

（内容来源：公开资料，赛迪智库整理，2023 年 8 月）

产业格局方面，根据行业研究机构 IDC 发布的 2022 年全球云计算追踪数据，全球云计算 IaaS 市场规模增长至 1154.96 亿美元，同比增长 26.2%。据 IDC 调研，全球前三名云厂商依次为亚马逊、微软、阿里云，其中阿里云以 6.2% 的份额居全球第三位。据统计，2021 年全球云计算 IaaS 市场规模继续保持稳健增长，从 2020 年的 915 亿美元增长至 1154.96 亿美元，同比增长 26%，增速有所放缓；IaaS 与 PaaS 市场规模累计达 2080.8 亿美元。2022年中国云服务市场份额占比情况如图 8-3 所示。

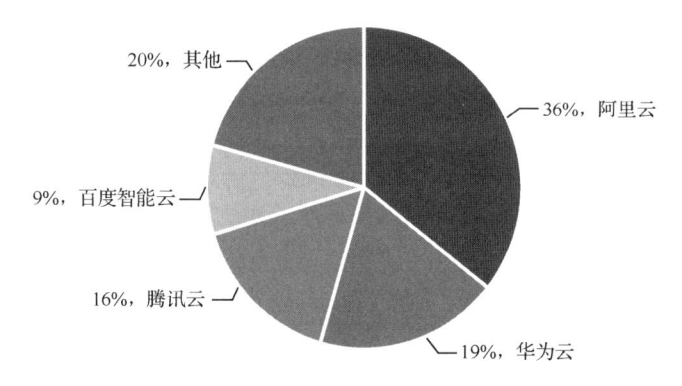

图 8-3 2022 年中国云服务市场份额占比情况

（内容来源：IDC，赛迪智库整理，2023 年 11 月）

产业趋势方面，云计算呈现出多云环境普及化、智能化服务提升化、环境友好型、新型技术应用融合化、布局地域化等趋势。**多云环境的普及**：未来，多云环境将成为主流，即企业同时使用公有云、私有云和混合云等多种云计算模式。多云环境需要解决的问题包括数据安全性、应用平台互通性、资源统一管理等方面。多云管理平台和多云数据管理技术将成为重点研究方向。**智能化服务的提升**：未来，云计算服务将向智能化方向发展，如智能调度、智能监控、智能分析等服务。同时，随着人工智能技术的发展，云计算服务将融合更多的 AI 服务，如语音识别、图像识别、自然语言处理等方面。**环境友好型的云计算**：未来，环境友好型的云计算将成为趋势。云计算对环境的影响主要包括能耗和碳排放。云计算服务商将通过节能、绿色数据中心等手段，减少能耗和碳排放，推动云计算向环保方向发展。**融合新型技术的应用**：未来，云计算将与新型技术如区块链、物联网等技术融合，为用户提供更多元化的服务。例如，云计算与区块链技术的结合，可以为用户提供更安全、更透明的数据管理和交换服务。而云计算与物联网技术的结合，则可以实现更智能化的物联网应用，如智能家居、智慧城市等。**云计算的地域化布局**：随着数字经济的发展和全球化的推进，云计算的地域化布局将成为趋势。云计算服务商将在全球范围内布局数据中心，以更好地为本地用户提供服务。同时，国家间的数据隔离政策也将推动云计算服务商在不同地区建立数据中心，以满足用户需求和遵守法规要求。

第二节　人工智能计算产品及服务

人工智能（以下或称 AI）的三大关键基础要素是数据、算法和算力。随着云计算的广泛应用，特别是深度学习成为当前 AI 研究和运用的主流方式，AI 对于算力的要求不断快速提升。

AI 的许多数据处理涉及矩阵乘法和加法。AI 算法，在图像识别等领域，常用的是 CNN（卷积神经网络）；语音识别、自然语言处理等领域，主要是

RNN（循环神经网络），这是两类有区别的算法，但是，它们本质上都是矩阵或 Vector 的乘法、加法，然后配合一些除法、指数等算法。

CPU 可以用于执行 AI 算法，但因为内部有大量其他逻辑，而这些逻辑对于目前的 AI 算法来说是完全用不上的，所以，自然造成 CPU 并不能达到最优的性价比。因此，具有海量并行计算能力且能够加速 AI 计算的 AI 芯片应运而生。

一般来说，AI 芯片被称为 AI 加速器或计算卡，即专门用于加速 AI 应用中的大量计算任务的模块（其他非计算任务仍由 CPU 负责）。

而从广义范畴上讲，面向 AI 计算应用的芯片都可以称为 AI 芯片。除了以 GPU、FPGA、ASIC 为代表的 AI 加速芯片（基于传统芯片架构，对某类特定算法或者场景进行 AI 计算加速），还有比较前沿的研究，如类脑芯片、可重构通用 AI 芯片等（但距离大规模商用还有较大差距）。

以 GPU、FPGA、ASIC 为代表的 AI 芯片，是目前可大规模商用的技术路线，是 AI 芯片的主战场。

（一）人工智能芯片分类

1. 维度 1：部署位置（云端、终端）

AI 芯片部署的位置有两种：云端、终端。根据部署的位置不同，AI 芯片可以分为云 AI 芯片、端 AI 芯片。云端，即数据中心，在深度学习的训练阶段需要极大的数据量和运算量，单一处理器无法独立完成，因此训练环节只能在云端实现。终端，即手机、安防摄像头、汽车、智能家居设备等执行边缘计算的智能设备。终端的数量庞大，而且需求差异较大。

云 AI 芯片的特点是性能强大、能够同时支持大量运算，并且灵活地支持图片、语音、视频等不同的 AI 应用。基于云 AI 芯片的技术，能够让各种智能设备和云端服务器进行快速连接，并保持稳定性。

端 AI 芯片的特点是体积小、耗电少，而且性能不需要特别强大，通常只需要支持一二种 AI 能力。

相比于云 AI 芯片来说，端 AI 芯片是需要嵌入设备内部的，当在设备内部中嵌入端 AI 芯片之后，能够让设备的 AI 能力进一步提升，并且让设备在没有联网的情况之下也能够使用相应的 AI 能力，使覆盖变得更为全面。

2. 维度 2：承担任务（训练、推理）

AI 的实现包括两个环节：训练、推理。根据承担任务的不同，AI 芯片可以分为用于构建神经网络模型的训练芯片、利用神经网络模型进行推理预测的推理芯片。

训练，是指通过大数据训练出一个复杂的神经网络模型，即用大量标记过的数据来"训练"相应的系统，使之可以适应特定的功能。训练需要极高的计算性能、较高的精度、能处理海量的数据，并具有一定的通用性，以便完成各种各样的学习任务。

推理，是指利用训练好的模型，使用新数据推理出各种结论，即借助现有的神经网络模型进行运算，利用新的输入数据，一次性获得正确结论的过程，也叫作预测或推断。

训练芯片注重绝对的计算能力，而推断芯片更注重综合指标：单位能耗、算力、时延、成本等都要考虑。

训练将在很长一段时间里集中在云端，推理的完成目前也主要集中在云端，但随着越来越多厂商的努力，很多的应用将逐渐转移到终端。

相对来说，推理对性能的要求并不高，对精度要求更低。在特定的场景下，推理对通用性的要求也低，能完成特定任务即可，但因为推理的结果是直接提供给终端用户的，所以更关注用户体验方面的优化。

（二）人工智能芯片技术架构

人工智能芯片目前有两种发展路径：一种是延续传统计算架构，加速硬件计算能力，主要以三种类型的芯片为代表，即 GPU、FPGA、ASIC，但 CPU 依旧发挥着不可替代的作用；另一种是颠覆型的经典的冯·诺依曼计算架构，采用类脑神经结构来提升计算能力。

1. 图形处理器

图形处理器（Graphics Processing Unit，GPU），又称显示核心、视觉处理器、显示芯片或绘图芯片，是一种专门在个人计算机、工作站、游戏机和一些移动设备（如平板计算机、智能手机等）上做图像和图形相关运算工作的微处理器。图形处理器是英伟达公司在 1999 年 8 月发表 NVIDIA GeForce 256（GeForce 256）绘图处理芯片时首先提出的概念，在此之前，计算机中处理影像输出的显示芯片，通常很少被视为是一个独立的运算单元。图形处理器使显卡减少对中央处理器（Central Processing Unit，CPU）的依赖，并分担部分原本由中央处理器所担当的工作，尤其是在进行三维绘图运算时，工效更加明显。图形处理器所采用的核心技术有硬件坐标转换与光源、立体环境材质贴图和顶点混合、纹理压缩和凹凸映射贴图、双重纹理四像素 256 位渲染引擎等。

GPU 不同于传统的 CPU，如 Intel i5 或 i7 处理器，其内核数量较少，专为通用计算而设计。相反，GPU 是一种特殊类型的处理器，由大量核心组成大规模并行计算架构，专为同时处理多重任务而设计。虽然 GPU 在游戏中以 3D 渲染而闻名，但它们对运行分析、深度学习和机器学习算法尤其有用。GPU 允许某些计算的速度比在传统 CPU 上运行时快 10 倍至 100 倍。GPU 与 CPU 的结构对比图如图 8-4 所示。

GPU 因良好的矩阵计算能力和并行计算优势，最早被用于 AI 计算，在数据中心中进行大量应用。GPU 采用并行架构，超过 80%部分为运算单元，具备较高性能的运算速度。相比较下，CPU 仅有 20%为运算单元，更多的是逻辑单元，因此 CPU 擅长逻辑控制与串行运算，而 GPU 擅长大规模并行运算。GPU 最早作为深度学习算法的芯片被引入人工智能领域，因其良好的浮点计算能力适用于矩阵计算，且相比 CPU 具有明显的数据吞吐量和并行计算优势。

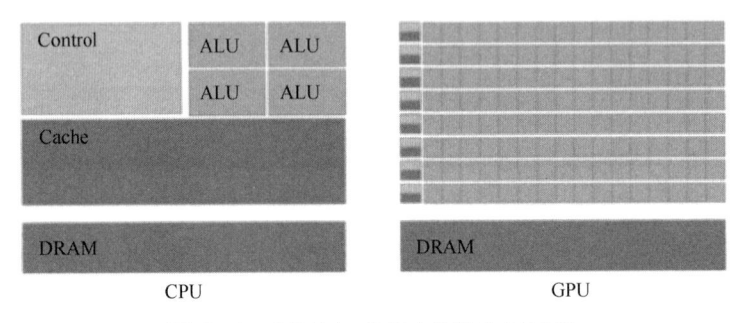

图 8-4　CPU 与 GPU 的结构对比图

（内容来源：赛迪智库整理，2023 年 11 月）

随着英伟达、AMD 等公司不断推进其对 GPU 大规模并行架构的支持，面向通用计算的 GPU（即 GPGPU，通用计算图形处理器）已成为加速可并行应用程序的重要手段，GPU 的发展历程可分为 3 个阶段：

第一代 GPU（1999 年以前），部分功能从 CPU 分离，实现硬件加速，以 GE（Geometry Engine，回声几何运算）为代表，只能起到 3D 图像处理的加速作用，不具有软件编程特性。

第二代 GPU（1999—2005 年），实现进一步的硬件加速和有限的可编程性。1999 年，英伟达发布了"专为执行复杂的数学和几何计算的"GeForce 256 图像处理芯片，将更多的晶体管用作执行单元，而不是像 CPU 那样用作复杂的控制单元和缓存，实现了快速变换，这成为 GPU 真正出现的标志。

之后几年，GPU 技术快速发展，运算速度迅速超过 CPU。2001 年英伟达和 ATI 分别推出了 GeForce 3 和 Radeon 8500，图形硬件的流水线被定义为流处理器，出现了顶点级可编程性，同时，像素级也具有有限的编程性，但 GPU 的整体编程性仍然有限。

第三代 GPU（2006 年以后），实现了方便的编程环境创建，可以直接编写程序。2006 年，英伟达与 ATI 分别推出了 CUDA（Compute United Device Architecture，计算统一设备架构）编程环境和 CTM（Close to the Metal）编程环境，使 GPU 打破图形语言的局限，成为真正的并行数据处理超级加速器。2008 年，苹果公司提出一个通用的并行计算编程平台 OpenCL（开放运算语言），与 CUDA 绑定在英伟达的显卡上不同，OpenCL 与具体的计算设备无关。2011 年，谷歌大脑率先应用 GPU 芯片，12 颗英伟达的 GPU 可以提供约 2000 颗 CPU 的深度学习性能，展示了其惊人的运算能力。

目前，GPU 已经成为人工智能领域最普遍、最成熟的智能芯片，应用于数据中心加速和部分智能终端领域。在深度学习上游训练端（主要用在云计算数据中心里），GPU 是当仁不让的第一选择。目前 GPU 的市场格局以英伟达为主（超过 70%），AMD 为辅，预计未来几年内 GPU 仍然是深度学习训练市场的第一选择。

另外，GPU 无法单独工作，必须由 CPU 进行控制调用才能工作。CPU 可单独作用，处理复杂的逻辑运算和不同的数据类型，当需要大量处理类型统一的数据时，则可调用 GPU 进行并行计算。

2. 现场可编程门阵列

现场可编程门阵列（Field Programmable Gate Array，FPGA）是一种通过软件手段更改、配置器件内部连接结构和逻辑单元，完成既定设计功能的数字集成电路。它是作为专用集成电路（Application Specific Integrated Circuit，ASIC）领域中的一种半定制电路而出现的，既解决了定制电路的不足，又克服了原有可编程器件门电路数有限的缺点。FPGA 器件属于专用集成电路中的一种半定制电路，是可编程的逻辑器件，能够有效地解决原有的阵列门电路数较少的问题。FPGA 利用门电路直接运算，速度快，而用户可以自由定义这些门电路和存储器之间的布线，改变执行方案，以期得到最佳效果。

FPGA 的基本结构包括可编程输入输出单元、可配置逻辑块、数字时钟管理模块、嵌入式块 RAM、布线资源、内嵌专用硬核、底层内嵌功能单元。由于 FPGA 具有布线资源丰富、可重复编程和集成度高、投资较低的特点，在数字电路设计领域得到了广泛的应用。FPGA 的设计流程包括算法设计、代码仿真及设计、板机调试。设计者以实际需求建立算法架构，利用 EDA 建立设计方案或 HD 编写设计代码，通过代码仿真保证设计方案符合实际要求，利用配置电路将相关文件下载至 FPGA 芯片中，验证实际运行效果。

FPGA 可以采用 OpenCL 等更高效的编程语言，降低了硬件编程的难度，还可以集成重要的控制功能，整合系统模块，提高了应用的灵活性，与 GPU 相比，FPGA 具备更强的平均计算能力和更低的功耗。

FPGA 与 GPU 相反，适用于多指令、单数据流的分析，常用于推理阶段。FPGA 是用硬件实现软件算法的，因此在实现复杂算法方面有一定的难度，缺点是价格比较高。

FPGA 因在灵活性和效率上的优势，适用于虚拟化云平台和推理阶段，在 2015 年后异军突起。2015 年英特尔收购 FPGA 市场第二大企业 Altera，开始了 FPGA 在人工智能领域的应用热潮。因为 FPGA 灵活性较好、处理简单指令的重复计算能力比较强，CPU+FPGA 的混合异构相比 GPU 具备更低功耗和高性能，适用于高密度计算，在深度学习的推理阶段有着更高的效率和更低的成本，使得全球科技巨头纷纷布局云端 FPGA 生态。

3．张量处理器

TPU（Tensor Processing Unit）即张量处理单元，也称张量处理器，是谷歌开发的专用集成电路，经过了深度机器学习方面的训练，专用于加速机器学习。它凭借高效能（每瓦计算能力）能加速第二代人工智能系统 TensorFlow 的运行，而且效率也大大超过 GPU——谷歌的深层神经网络就是由 TensorFlow 引擎驱动的。TPU 是为机器学习量身定做的，执行每个操作所需的晶体管数量更少，效率自然更高。

TPU 与同期的 CPU 和 GPU 相比，可以提供 15～30 倍的性能提升，以及 30～80 倍的效率（性能/瓦特）提升。TPU 能为机器学习提供比所有商用 GPU 和 FPGA 更高的指令量级。TPU 是为机器学习应用特别开发的，以使芯片在计算精度降低的情况下更耐用，这意味着每一个操作只需要更少的晶体管，用更多的精密且大功率的机器学习模型，因此用户便能得到更正确的结果。

4．神经网络处理

嵌入式神经网络处理器（Neural-network Processing Unit，NPU）采用"数据驱动并行计算"的架构，特别擅长处理视频、图像类的海量多媒体数据。NPU 处理器专门为物联网人工智能而设计，用于加速神经网络的运算，解决传统芯片在神经网络运算时效率低下的问题。

在 GX8010 中，CPU 和 MCU 各有 1 个 NPU，MCU 中的 NPU 相对较小，习惯上称为 SNPU。

NPU 处理器包括乘加、激活函数、二维数据运算、解压缩等模块。乘加模块用于计算矩阵乘加、卷积、点乘等功能，NPU 内部有 64 个 MAC，SNPU 有 32 个 MAC。激活函数模块采用最高 12 阶参数拟合的方式实现神经网络中的激活函数，NPU 内部有 6 个 MAC，SNPU 有 3 个 MAC。二维数据运算模块用于实现对一个平面的运算，如降采样、平面数据复制等，NPU 内部有 1 个 MAC，SNPU 也有 1 个 MAC。解压缩模块用于对权重数据的解压。为了解决物联网设备中内存带宽小的特点，NPU 编译器会对神经网络中的权重进行压缩，在几乎不影响精度的情况下，可以实现 6～10 倍的压缩效果。

（三）异构计算架构

CUDA（Compute Unified Device Architecture）是显卡厂商英伟达推出的运算平台。CUDA是一种通用并行计算架构，该架构使GPU能够解决复杂的计算问题。它包含了CUDA指令集架构（ISA）以及GPU内部的并行计算引擎。开发人员可以使用C语言来为CUDA架构编写程序，所编写出的程序可以在支持CUDA的处理器上以超高性能运行。CUDA3.0已经开始支持C++和FORTRAN。

华为CANN（Compute Architecture for Neural Networks）是针对AI场景推出的异构计算架构，通过提供多层次的编程接口，支持用户快速构建基于昇腾平台的AI应用和业务，架构如图8-5所示。AscendCL：昇腾硬件的统一编程接口，包含编程模型、硬件资源抽象、AI任务及内核管理、内存管理、模型和算子调用、媒体预处理接口、加速库调用等一系列功能，充分释放昇腾系统多样化算力，使开发者快速开发AI应用。TBE算子开发工具：预置丰富API接口，支持用户自定义算子开发和自动化调优，缩短工期，节省人力。算子库：基于昇腾处理器，深度协同优化的高性能算子库。

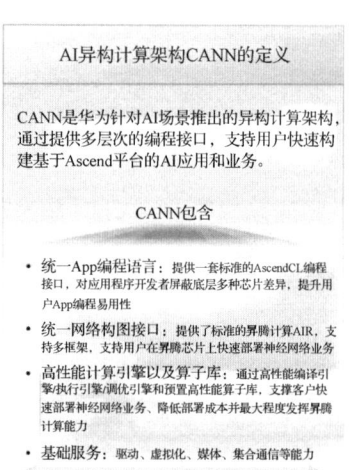

图 8-5 异构计算架构CANN

（内容来源：赛迪智库整理，2023年11月）

寒武纪人工智能开发平台（Cambricon NeuWare®）是寒武纪专门针对其云、边、端的智能处理器产品打造的软件开发平台。Neuware 采用云边端一体、训推一体架构，可同时支持寒武纪云、边、端的全系列产品。寒武纪终端 IP、边缘端芯片、云端芯片共享同样的软件接口和完备生态，可以方便地进行智能应用的开发、迁移和调优。

（四）AI 训练框架

TensorFlow 是一个基于数据流编程（Dataflow Programming）的符号数学系统，被广泛应用于各类机器学习（Machine Learning）算法的编程实现，其前身是谷歌的神经网络算法库 DistBelief。Tensorflow 拥有多层级结构，可部署于各类服务器、PC 终端和网页，并支持 GPU 和 TPU 高性能数值计算，被广泛应用于谷歌内部的产品开发和各领域的科学研究。TensorFlow 由谷歌人工智能团队谷歌大脑（Google Brain）开发和维护，拥有包括 TensorFlow Hub、TensorFlow Lite、TensorFlow Research Cloud 在内的多个项目以及各类应用程序接口（Application Programming Interface，API）。自 2015 年 11 月 9 日起，TensorFlow 依据阿帕奇授权协议（Apache 2.0 open source license）开放源代码。

PyTorch 是一个开源的 Python 机器学习库，基于 Torch，用于自然语言处理等应用程序。2017 年 1 月，脸书人工智能研究院（FAIR）基于 Torch 推出了 PyTorch，它是一个基于 Python 的可持续计算包，提供两个高级功能：一是具有强大的 GPU 加速的张量计算（如 NumPy），二是包含自动求导系统的深度神经网络。

飞桨（PaddlePaddle）以百度多年的深度学习技术研究和业务应用为基础，集深度学习核心训练和推理框架、基础模型库、端到端开发套件、丰富的工具组件于一体，是中国首个自主研发、功能完备、开源开放的产业级深度学习平台。IDC 发布的 2021 年上半年深度学习框架平台市场份额报告显示，百度跃居中国深度学习平台市场综合份额第一名。百度飞桨汇聚开发者数量达 370 万，服务 14 万家企事业单位，产生了 42.5 万个模型。飞桨助力开发者快速实现 AI 想法，高效上线 AI 业务，帮助越来越多的行业完成 AI 赋能，实现产业智能化升级。

昇思 MindSpore 是由华为于 2019 年 8 月推出的新一代全场景 AI 计算框架，2020 年 3 月 28 日，华为宣布 MindSpore 正式开源。

（五）人工智能服务器

AI 服务器与传统服务器相比结构类似，但子系统的价值量变化都很大。AI 服务器为应对 AI 工作负载需求，对资源进行了优化。AI 服务器和传统通用服务器在设计方案上的主要区别在于高性能计算资源、内存和存储、网络连接（PCB）、电源管理等。

AI 服务器市场扩张表现亮眼，中国市场领跑全球。Statista 数据显示，2021 年全球服务器市场规模达 831.7 亿美元，同比增长 6.97%，其中，AI 服务器市场规模达到 156.3 亿美元，同比增长 39.1%，在整体服务器市场中占比为 18.79%，同比提升 4.34%。随着人工智能所需算力扩大，AI 服务器作为新型算力基础设施的主体将直接影响 AI 创新迭代和产业落地。据 IDC 与浪潮信息，预计 AI 服务器市场规模在 2026 年达到 347.1 亿美元，五年 CAGR 达到 17.3%。再看中国市场，2021 年国内服务器市场规模达 250.9 亿美元，同比增长 15.9%，高于全球增长速度，其中，AI 服务器市场规模达到 59.2 亿美元，同比增长 68.2%，在国内服务器市场中占比为 23.6%。这主要得益于国内人工智能应用的加速落地，浪潮信息、新华三、宁畅等厂商助推人工智能基础设施产品的优化更新。IDC 调研显示，超过 80% 的中国厂商表示，未来将增加人工智能服务器的投资规模，预计中国 AI 服务器市场规模在 2026 年达到 123.4 亿美元，五年 CAGR 为 15.82%。

（六）人工智能大模型服务

模型即服务（Model as a Service，MaaS）是一种新兴的人工智能服务模式，它将训练好的模型以云端服务的形式提供给用户，基本架构如图 8-6 所示。在这种服务模式下，用户无须关心模型的开发、部署和维护，只需通过 API 或其他接口访问和使用模型，便可实现各种智能任务。MaaS 的出现，极大地简化了人工智能技术的应用门槛，为各行各业带来便捷的智能化解决方案。

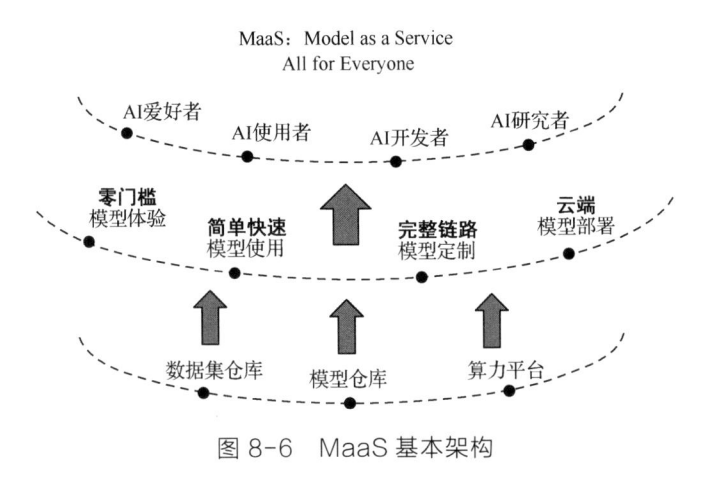

图 8-6　MaaS 基本架构

（内容来源：赛迪智库整理，2023 年 11 月）

MaaS 作为一种通过网络提供人工智能模型的服务，将模型部署在云端服务器上，用户可以通过 API 或其他接口访问和使用这些模型。与传统的软件即服务（SaaS）和平台即服务（PaaS）类似，MaaS 将模型的开发、部署和维护等复杂任务交给云端服务商来处理，让用户专注于模型的应用和优化。但不同的是，MaaS 专注于提供经过训练的模型，而不是整个软件系统或平台。

MaaS 的优势体现在几个方面，一是降低应用门槛，MaaS 将模型开发、部署和维护等烦琐任务交给云端服务商，用户只需关注模型的应用，降低了人工智能技术应用的门槛；二是快速迭代，MaaS 可以方便地进行模型的更新和迭代，用户可以根据需求快速调整模型的参数和结构，提高模型的性能；三是弹性伸缩，MaaS 可以根据用户的需求，弹性调整计算资源和存储空间，实现大规模并行计算，提高应用的效率；四是资源共享，MaaS 使各类模型资源得以共享，用户可以方便地获取行业领先的技术，提高自身的竞争力；

五是降低成本，MaaS 采用按需付费的模式，用户可以根据实际需求支付相应的费用，降低了企业在人工智能技术上的投资成本；六是安全可靠，MaaS 可以提供严格的安全控制和数据隐私保护，确保用户数据的安全和隐私。

第三节　超级计算产品及服务

作为计算科学的一个关键前沿领域，超级计算（以下或简称超算）能够通过集成众多并行处理能力的超级计算机来集中处理极其复杂或数据量巨大的问题。随着计算资源的重要性日益凸显，超级计算机的能力已经成为评估一个国家或地区核心竞争力和整体实力的重要指标之一。

超级计算机与服务器在性能、功能和应用上存在显著差异。在性能上，超级计算机的计算和存储能力远超过服务器。在功能上，超级计算机专注于提供强大的计算能力，以应对大数据分析、科学研究和复杂模拟等任务，而服务器则提供更为多样的功能，包括计算能力、存储、数据库管理、网络通信等。在应用方式上，超级计算机通常由研究机构、大型企业和政府部门操作，需要专业的维护和管理，对普通用户不太友好。相比之下，云服务器提供了更加灵活的资源管理和调度功能，使个人、企业或组织都能更轻松地使用。

（一）超算产品

在超级计算产业链中，上游环节涵盖了硬件（如计算、存储、网络设备）、软件（基础和应用软件），以及辅助基础设施（如电力供应和冷却系统）。目前，上游环节的主要影响力来自国际知名企业，如英特尔、AMD、Seagate、三星等。

产业链的中游以超级计算机本身为主，通过整合上游资源，提供了强大的计算能力，并为各个需求行业提供超算服务和解决方案。近年来，中国的超级计算机规模持续增长，技术实力已达到国际先进水平。根据全球超级计算机 TOP500 榜单，中国制造的超级计算机数量已连续九次居全球市场份额第一名，与美国并列为行业领导者。到 2022 年 6 月，中国拥有的超级计算机数量达到了 173 台，全球市场份额为 34.6%，与上一期相比保持不变。

在超级计算产业链的下游，我们看到了应用层面的扩展，包括与超算相关的衍生行业和关键应用领域。随着信息化建设的需求持续上升，超级计算机的服务范围已经覆盖政府、能源、互联网、教育、国防等多个行业，并且在国家基础设施建设和信息技术应用创新产业等关键领域发挥着重要作用。

就产业格局而言，根据 2022 年中国高性能计算机 TOP100 榜单，联想以 42 套系统领先，位于榜首。浪潮、中科曙光和北龙超云分别以 26 套、10 套和 5 套系统排在第二、第三和第四位，这四家企业的超级计算机数量占据了上榜系统总份额的 83%。在性能份额方面，国家并行计算机工程技术研究中心和国防科技大学分别以 2 套和 4 套上榜系统的 10% 和 8% 的性能份额排在第二和第三位。

至于产业分布，目前中国的超级计算产业主要集中在中东部地区。截至 2022 年年底，中国已经批准建设的国家级超级计算中心共有 10 座，分别为天津、深圳、长沙、济南、广州、无锡、郑州、成都、昆山和西安超级计算中心。按省份划分，江苏拥有最多的超级计算中心，占比达到 20%，而其他省份和直辖市的超级计算中心数量均为 10%。

（二）超算服务

超级计算服务主要面向需要强大计算能力的应用场景。传统上，这些服务涉及领域如气象和海洋研究、地质勘探、工业设计模拟以及物理实验模拟等，其客户群主要集中于高等教育机构、研究机构以及政府资助的科技开发项目。然而，随着数据量的激增、实时处理的需求以及对于复杂模拟计算的精确性要求日益提高，常规计算机和服务器已无法满足这些高性能计算的需求。因此，超级计算技术的不断进步和商业化应用正在促使这一技术更快地融入经济和社会各个行业中，特别是在那些计算密集型的应用场景中。

2016—2025年中国超算服务市场规模统计及预测如图8-7所示。

图 8-7　2016—2025年中国超算服务市场规模统计及预测

（内容来源：公开资料，赛迪智库整理，2023年11月）

1．超算服务分类及发展趋势

从算力资源的需求看，超级计算可以分为尖端超算、通用超算、业务超算和人工智能超算四类（见表8-1）。

表 8-1　超算分类

类别	客户画像	产品定位
尖端超算	万核以上的应用；追求极大规模、极致性能，对超算硬件系统的要求非常高；高端超算的从业人员，攻坚型科研、国家级客户，各行业顶级研究机构	国家超级计算中心：计算、访存、通信、I/O都非常出众，性能设计很平衡的高端超级计算机；需要国家集中力量投入，不能核算性价比
通用超算	万核以下的应用，绝大多数是千核以下的应用；需要优质服务，关注性价比；海量无超算资源用户的日常需求；当前自主建设中小微超算系统	超级云计算中心：海量用户需求聚类，应用运行特征分析，针对不同应用，动态随需增长式建设最高性价比超算服务计算资源；帮助用户从自建中解脱，租用超算服务
业务超算	从单核到几千核的应用，行业实际业务，关注服务，关注性能和性价比；超算只是业务中的一个环节，需要实现完整的业务上云，需要保证业务运行稳定性	公有云/私有云，专业超算服务商：面向行业，按照业务需求设计完整的云上业务流程，保证用户业务各环节能够快速、高效、动态地实现，具有弹性、高性能、高稳定性、高可靠性、高可维护性

续表

类别	客户画像	产品定位
人工智能超算	产品定位：大数据学习、人工智能算法模拟与优化、多类型数据分析与编解码场景下运用的超算服务	客户画像：在人工智能的深度学习框架中，有着众多图像、神经网络、NLP、富媒体识别等复杂运算场景，相比传统的 CPU、GPU 能够提供更有效率的超算解决方案

内容来源：公开资料，赛迪智库整理，2023 年 11 月。

在发展趋势方面，近年来，超级计算呈现出向异构计算、应用范围扩大、量子技术应用和绿色节能发展的趋势。

新兴技术的赋能作用。目前，超级计算服务仍以提供计算资源为主。但是，随着人工智能、5G、物联网等新技术的快速普及和应用，超级计算的资源服务有望得到进一步的提升和优化，这包括云环境下的资源调度效率、冗余管理，以及资源履约质量等方面的改进。

软硬件服务模式的创新。超级计算云服务利用其系统互联、服务互通和计算互操作的优势，预计将进一步推动市场增长。未来，软硬件一体化服务模式将越来越普及，这包括为特定场景定制解决方案框架的持续发展和各类系统优化模块的推出。

绿色化进程的加速。随着超级计算规模的不断扩大，其能耗和散热问题日益严峻，对运行效率和可靠性的影响日益增大，环境污染和资源浪费问题也变得更加严重。因此，超级计算产业的绿色化发展变得尤为重要。一些绿色超级计算项目，如美国的 Aurora 系统和中国的神威·太湖之光系统，已经在运行或部署中。

智能与超级计算的融合。随着新兴领域的不断涌现，业务流程变得越来越复杂，涉及多元业务混合负载。例如，自动驾驶的各个环节涉及数据互访、采集、标注，以及训练集的仿真数据访问和 AI 推理等。在这些环节中，数据采集和预处理、人工智能的训练和推理阶段将大量采用 AI 技术，而仿真阶段则将依赖高性能计算技术。未来，智能计算与超级计算的融合将成为一个重要发展趋势，超级计算的发展将为智能计算带来新的可能性。

量子与超级计算的融合。量子计算是一种利用量子位进行信息处理的技术，理论上能够在某些情况下实现指数级的加速。量子计算在密码学、优化、机器学习等领域具有巨大潜力，但目前仍处于发展初期，面临着量子位稳定性、量子纠错、量子算法等多方面的挑战。一些量子计算项目，如美国的 IBM Q 系统和中国的九章系统，已经在进行中或即将启动。

应用领域的拓展。超级计算机的应用范围极其广泛。从气象监测、地震预警、石油勘探到疾病诊断，再到太空探测等领域，超级计算机都发挥着重要作用。在大气海洋环境、新能源新材料、生物医药健康、战略装备设计制造等领域，超级计算机不断拓展人类对世界的认知边界。超算产业链如图 8-8 所示。

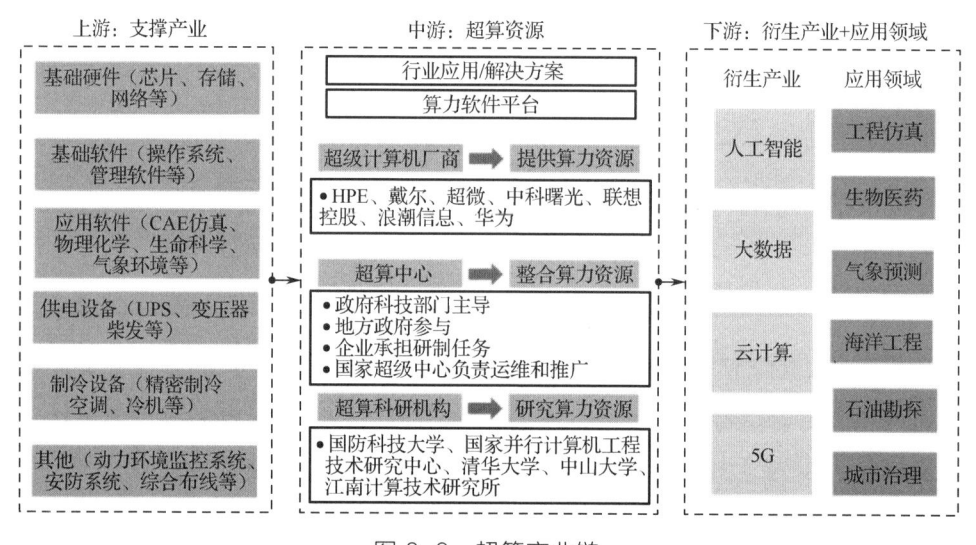

图 8-8 超算产业链

（内容来源：公开资料，赛迪智库整理，2023 年 11 月）

2. 国内主要超算中心运行情况和模式

国家超级计算中心是我国重要的数据计算机构，隶属于科技部，致力为科研、企业和政府机构提供高性能计算服务。以下是国家超级计算中心各分中心的简要介绍。

（1）国家超级计算无锡中心：由科技部、江苏省和无锡市共建，拥有世界领先的"神威·太湖之光"超级计算机，专注于为物理、化学、材料等领域提供高性能计算服务。

（2）国家超级计算广州中心：由广东省、广州市、国防科技大学和中山大学共建，旨在推动高性能计算与大数据技术的融合，服务于学术前沿和国家重大战略需求。

（3）国家超级计算天津中心：拥有"天河一号"和"天河三号"原型机系统，为全国的科研院所、大学和企业提供高性能计算、云计算、大数据、人工智能等服务。

（4）国家超级计算济南中心：建有国内首台自主 CPU 构建的千万亿次超级计算机，致力于为数字经济、社会管理、精准医学等领域提供高性能计算服务。

（5）国家超级计算深圳中心：面向全国和东南亚地区，以技术引领、市场导向、品质追求和服务根本为原则，提供国际化的高性能计算服务。

（6）国家超级计算长沙中心：中西部唯一的国家超级计算中心，采用政府主导、军地合作、省校共建、市场运作的模式，为社会提供高性能计算应用服务。

（7）国家超级计算郑州中心：立足中原，辐射周边，服务全国，开展数字经济、社会管理、精准医学等领域的高性能计算服务。

（8）北京超级云计算中心：提供充足的高性能计算资源，满足中小微企业的需求，通过超级云计算服务，改变传统超算的运营模式。

以上各中心均致力于为不同领域提供高效、便捷的高性能计算服务，推动科技创新和产业发展。

第四节 专用计算产品及服务

计算产品可以分为通用型、AI 型和专用型等类别，其中专用型主要为 FPGA、ASIC 两大类产品，尽管其市场占比仅为 1%和 0.4%，但是在工控、汽车、通信等领域具有广泛应用，在计算产品中占据重要地位。

（一）FPGA

FPGA（现场可编程门阵列）是一种半定制、可编程的集成电路，是在 PAL、GAL、EPLD 等可编程器件的基础上进一步发展的产物，具有模块化和规则化的架构，主要由可编程逻辑块、输入/输出单元和内部连接线等部分组成。FPGA 具有灵活性高、并行计算、开发周期短、现场可重编、低延时等特点，其结构如图 8-9 所示。

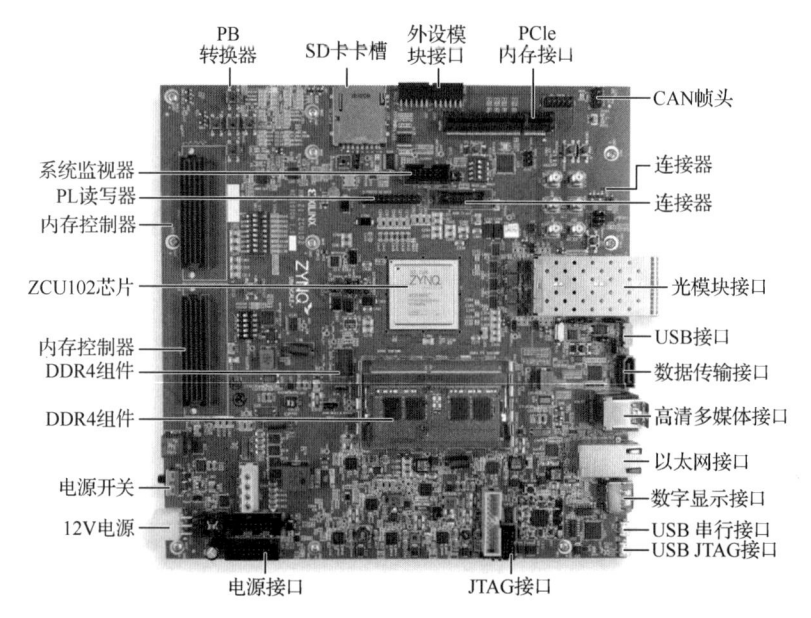

图 8-9　FPGA 开发板结构［以 AMD（Xilinx）FPGA 套件 ZCU102 为例］

（内容来源：赛迪智库整理，2023 年 11 月）

从 Xilinx 公司于 1985 年推出世界首款 FPGA 芯片 "XC2064" 算起，FPGA 经历了数十年发展，在硬件架构上经历了简单的数字逻辑、"与"阵列和"或"阵列、超大规模电路等发展阶段，到如今 FPGA 与 ASIC 技术融合、向系统级发展的 SoC FPGA/eFPGA 阶段（见图 8-10），规模更大、灵活性更高、性能更优。

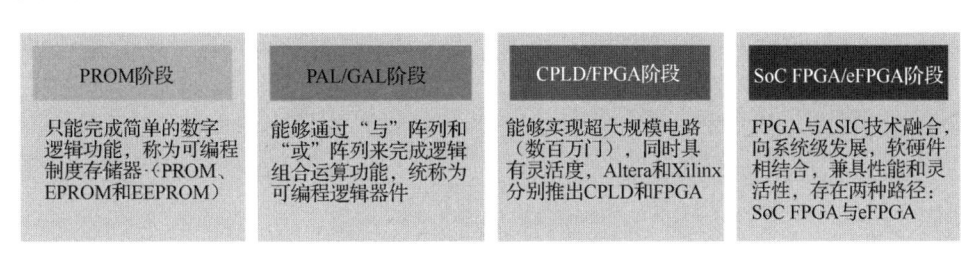

PROM 阶段	PAL/GAL 阶段	CPLD/FPGA 阶段	SoC FPGA/eFPGA 阶段
只能完成简单的数字逻辑功能，称为可编程制度存储器·（PROM、EPROM 和 EEPROM）	能够通过"与"阵列和"或"阵列来完成逻辑组合运算功能，统称为可编程逻辑器件	能够实现超大规模电路（数百万门），同时具有灵活度，Altera 和 Xilinx 分别推出 CPLD 和 FPGA	FPGA 与 ASIC 技术融合，向系统级发展，软硬件相结合，兼具性能和灵活性，存在两种路径：SoC FPGA 与 eFPGA

图 8-10　FPGA 发展历程

（内容来源：赛迪智库整理，2023 年 11 月）

FPGA 技术因其灵活性和并行处理能力，在多个领域如人工智能、航空航天、数据中心、医疗、通信、安防和汽车电子中得到了广泛应用。随着人工智能技术的不断进步，FPGA 的市场需求呈现稳定的增长趋势，预计将吸引更多的竞争者加入这一领域。各应用领域的市场份额整体保持稳定，但数据中心领域显示出更强的增长势头。根据 Xilinx 的财务报告，2019—2021 年，下游应用市场的营收占比基本没有发生大规模变化，其中数据中心的营收占比分别达到了 7%、9% 和 10%，增长速度超过了其他领域。2022 年，FPGA 领域的国际领先企业 AMD 和英特尔在数据中心领域的表现尤为突出，成为推动其业绩增长的关键因素。AMD 通过收购 FPGA 行业的领导者 Xilinx，显著提升了其嵌入式部门和数据中心的业绩，两部门的产品营收从 2021 年的 39 亿美元增长到 2022 年的 106 亿美元；英特尔的 FPGA 业务也推动了其 DCAI 部门（数据中心和人工智能事业部）实现 14% 的营收增长。英特尔中国研究院预测，FPGA 在数据中心领域的市场份额将进一步扩大。Semico 研究公司预测，全球数据中心加速器市场（包括 CPU、GPU、FPGA 和 ASIC）将从 2018 年的 28.4 亿美元增长到 2023 年的 211.9 亿美元，年复合增长率达 49%，其中，FPGA 加速器的市场规模从 2018 年的 10 亿美元增长到 2023 年的 50 亿美元以上（见图 8-11），这一增长主要得益于企业级数据负载加速应用的需求。

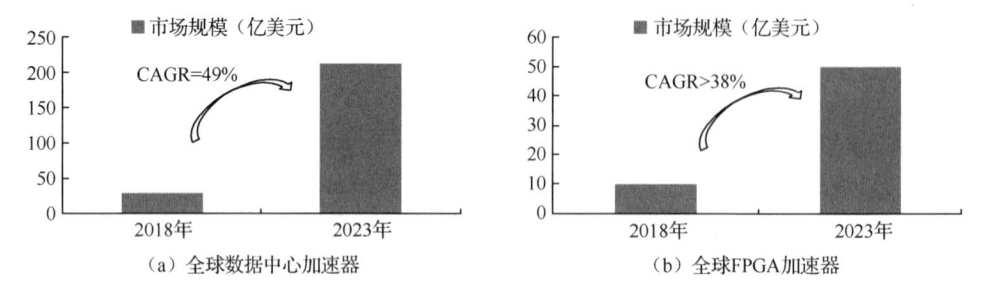

图 8-11 2018 年与 2023 年全球数据中心加速器和 FPGA 加速器市场规模

（内容来源：赛迪智库整理，2023 年 11 月）

FPGA 芯片被广泛应用于数据中心的硬件加速，并且在云服务提供商中得到了广泛部署，应用实例如表 8-2 所示。当数据中心采用 FPGA 芯片替代传统的 CPU 方案时，能够显著提升处理自定义算法的速度。因此，近年来，微软、亚马逊 AWS、阿里云等云服务提供商开始在其服务器中部署 FPGA 加速器，以提升计算速度。在云计算技术广泛应用的背景下，未来数据中心对于芯片性能的需求将不断增长，更多的数据中心将采用 FPGA 芯片。这一趋势将提升 FPGA 芯片在数据中心芯片市场中的重要性。

表 8-2 云服务器厂商 FPGA 应用实例

品牌	FPGA 芯片	部署时间	应用领域	产品实例
微软	Intel Stratix V	2014 年	搜索引擎	Bing
	Intel Stratix 10	2017 年	数据中心、人工智能	Azure、Brainwave
亚马逊 AWS	Xilinx Ultrascale+系列	2017 年	弹性云计算（EC2）	AWS F1 云服务器
阿里云	Xilinx Ultrascale+系列、Intel FM8 系列	2017 年	弹性云计算（阿里云）	阿里云 F3/F5 云服务器
百度云	Xilinx XCKU115	2017 年	云服务器	百度云服务器 c4/g4/m4
腾讯云	Xilinx Vitex UltraScale+	2017 年	云服务器	加速型 FX4 云服务器

内容来源：各机构官网，赛迪智库整理，2023 年 8 月。

随着工业领域向智能化和无人化转变，FPGA 芯片的应用数量正在增加,其在工业中的应用如图 8-12 所示。在工业自动化中,FPGA 芯片被广泛用于视频处理、图像处理、数控机床等,主要作用是信号控制和运算加速。工业智能化和无人化的趋势提升了 FPGA 芯片的高效率、实时性和高度灵活性,这在工业领域得到了广泛的认可。例如,在数控机床的伺服系统中,传统的 ASIC 芯片通常只能控制单一马达,而 FPGA 芯片能够实现多通道马达控制,在全球能源消耗占据很大比例的背景下,这种精确的多通道控制显得尤为重要。在 LED 显示屏领域,主流控制系统多采用 FPGA 芯片,或者与其他芯片结合使用作为主控单元。FPGA 芯片的可现场编程特性,能够满足大型 LED 显示屏系统对显示数据格式转换的需求,以适应不同形状和规格的显示屏定制,同时能够实现亮度、对比度、灰度级等参数的灵活调节,从而使 LED 显示屏能够展现更加细腻的图像效果。

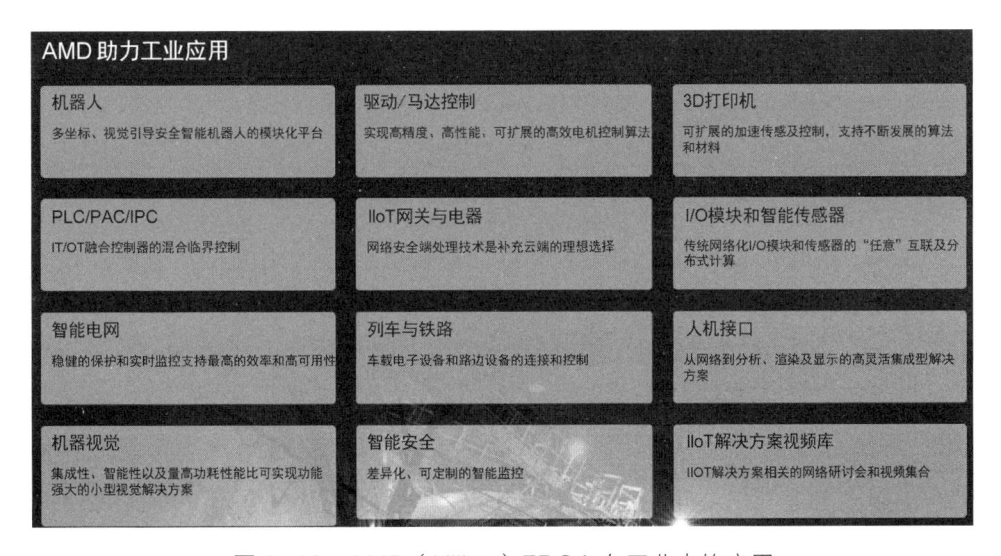

AMD 助力工业应用		
机器人 多坐标、视觉引导安全智能机器人的模块化平台	**驱动/马达控制** 实现高精度、高性能、可扩展的高效电机控制算法	**3D打印机** 可扩展的加速传感及控制,支持不断发展的算法和材料
PLC/PAC/IPC IT/OT融合控制器的混合临界控制	**IIoT网关与电器** 网络安全端处理技术是补充云端的理想选择	**I/O模块和智能传感器** 传统网络化I/O模块和传感器的"任意"互联及分布式计算
智能电网 稳健的保护和实时监控支持最高的效率和高可用性	**列车与铁路** 车载电子设备和路边设备的连接和控制	**人机接口** 从网络到分析、渲染及显示的高灵活集成型解决方案
机器视觉 集成性、智能性以及最高功耗性能比可实现功能强大的小型视觉解决方案	**智能安全** 差异化、可定制的智能监控	**IIoT解决方案视频库** IIOT解决方案相关的网络研讨会和视频集合

图 8-12 AMD(Xilinx)FPGA 在工业中的应用

[内容来源:AMD(Xilinx)官网,赛迪智库整理,2023 年 8 月]

在通信行业,FPGA 芯片因能够适应各种通信协议的应用并支持快速更新而广受欢迎,其应用如图 8-13 所示。目前,FPGA 芯片广泛用于无线和有线通信设备,执行接口扩展、逻辑控制、数据处理和单芯片系统等多种功能。与其他类型的芯片相比,FPGA 芯片不仅因其高速运算能力而能有效处理通信领域的复杂协议，而且其灵活性也使之能够适应不断演进的通信协议。此外，FPGA 芯片在处理复杂信号和多维信号方面表现出色，能够很好地适应日益复杂的网络环境。

图 8-13　AMD（Xilinx）FPGA 在通信中的应用

［内容来源：AMD（Xilinx）官网，赛迪智库整理，2023 年 8 月］

（二）ASIC

ASIC 芯片，即应用特定集成电路，是为了满足特定电子系统的独特需求而设计和制造的定制化芯片。ASIC 芯片的计算能力和效率可以根据所需的算法进行定制，代表了针对特定算法优化的设计成果。在批量生产方面，ASIC 芯片相比于通用集成电路，展现出更小的体积、更低的功耗、更高的可靠性、更优的性能、更强的保密性及更低的成本。ASIC 芯片模块被广泛运用于各种智能终端设备，包括人工智能设备、加密货币挖矿设备、耗材打印设备以及军事和国防装备。

深度学习涉及两个主要任务：训练和推理，而 AI 芯片的主要职能就是执行这两个任务。在训练阶段，芯片需要处理大量数据以构建具有特定功能的神经网络模型。由于训练涉及大量数据和高复杂度的算法，因此对 AI 芯片的计算能力、存储容量、精度及通用性有很高的要求。在推理阶段，芯片基于已经训练好的模型对输入数据进行计算，此时更加注重芯片的功耗、时延和成本，对精度的要求相对较低。根据 CSET 的数据，ASIC 芯片在推理任务中表现卓越，其效率和速度分别是 CPU 的 100~1000 倍，与 GPU 和 FPGA 相比，具有明显的竞争优势。根据 McKinsey Analysis 的数据，预计到 2025 年，在数据中心和边缘计算领域，ASIC 芯片在推理和训练应用中的占比将分别达到 40% 和 70%，显示出 ASIC 芯片在 AI 芯片市场中所占份额的大幅提升（见图 8-14）。

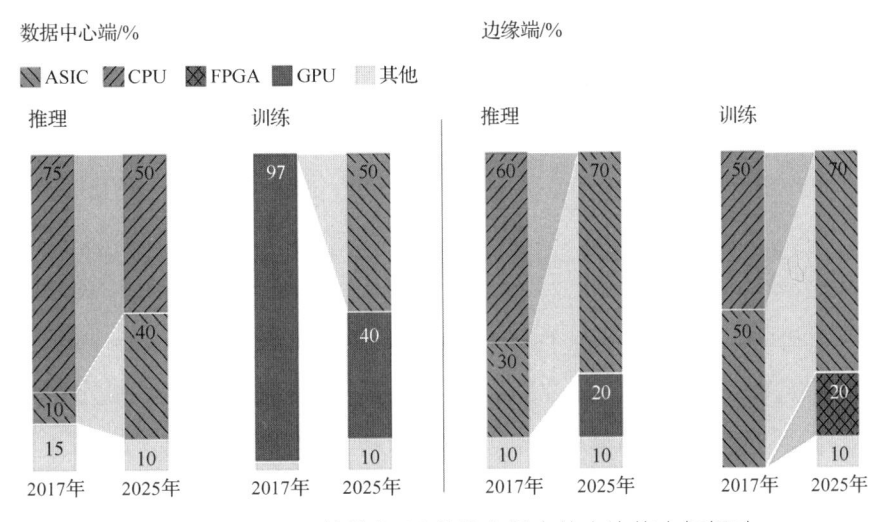

图 8-14 ASIC 芯片在 AI 芯片市场中的占比将大幅提升

（内容来源：McKinsey Analysis，赛迪智库整理，2023 年 11 月）

在 AI 芯片领域，多种类型并存，领先制造商们正纷纷涌入 ASIC 芯片市场。英伟达继续其 GPU 战略，在 2022 年推出了适用于云端训练和推理的 H100 芯片；AMD 则在 2023 年将 CPU 和 GPU 技术融合，推出了 Instinct MI300 芯片。同时，这些行业巨头开始涉足 ASIC 芯片市场。谷歌在 2021 年推出了 TPU v4 芯片，其计算性能和能效得到了显著提高；英特尔紧随其后，在 2022 年推出了 Gaudi2 ASIC 芯片；IBM、三星等科技巨头也加入了 ASIC 芯片市场的竞争（见表 8-3）。

表 8-3 头部厂商开始切入 ASIC 芯片领域

序号	公司	典型 AI 芯片	发布年份	技术架构	功能任务
1	英伟达	H100	2022	GPU	云端训练、云端推理
		A100	2020	GPU	云端训练、云端推理
		V100	2017	GPU	云端训练、云端推理
2	英特尔	Gaudi2	2022	ASIC	云端训练、云端推理
		Nervana NNP-T	2019	NNP-T1000	云端训练
		Nervana NNP-I	2019	NNP-I1000	云端推理
3	IBM	AIU	2023	ASIC	云端训练
		TrueNorth	2015	类脑芯片	边缘端推理
4	谷歌	TPU v4	2021	ASIC	云端训练、云端推理
		TPU v3	2018	ASIC	云端训练、云端推理
		Edge TPU	2018	ASIC	边缘端推理
5	苹果	A14	2020	ARM 架构 SoC	边缘端推理
6	AMD	Instinct M1300	2023	APU	云端训练
		EPYC2	2019	Zen 2 架构	云端推理
7	ARM	ARM Cortex-M55	2020	ARM Helium	边缘端推理
		ARM Ethos-U55	2020	ASIC（Micro NPU）	边缘端推理
8	高通	骁龙 888	2020	ARM 架构 SoC	边缘端推理
		Cloud AI 100	2020	ASIC	云端推理
9	三星	Warboy	2023（开始量产）	ASIC（NPU）	云端训练、云端推理
		Exynos 2100	2021	ARM 架构 SoC	边缘端推理

内容来源：企业官网，赛迪智库整理，2023 年 11 月。

谷歌作为全球 AI ASIC 领域的领导者，其 TPU 产品线不断更新迭代。自 2015 年推出 TPU v1 以来，这一产品相较于传统的 CPU 和 GPU 神经网络计算，实现了 15~30 倍的性能提升和 30~80 倍的能效提升。TPU v1 以较低的成本支持了谷歌的多项服务，但仅限于推理应用。随后，谷歌在 2017 年和 2018 年分别推出了 TPU v2 和 TPU v3，这两代产品在算力和功率方面都有了显著的提升。到了 2020 年和 2021 年，谷歌又推出了基于 7nm 工艺的 TPU v4i 和 v4，晶体管数量的大幅增加带来了算力的提升和功耗的降低。其中，TPU v4 在 BERT、ResNet、DLRM、RetinaNet 和 MaskRCNN 等基准测试中的性能表现优于英伟达的 A100，分别达到 A100 的 1.15 倍、1.67 倍、1.05 倍、1.87 倍和 1.37 倍。尽管 TPU v4 的性能略低于 H100，但其功耗管理能力十分出色。据 *AI and ML Accelerator Survey and Trends* 数据显示，英伟达 H100 在峰值性能上超过了 TPU v4，但 TPU v4 作为一款 ASIC 芯片，在功耗控制方面表现更为优异，其峰值功率低于 H100，见表 8-4。

表 8-4 谷歌 TPU 产品持续迭代

芯片	TPU v1	TPU v2	TPU v3	TPU v4i	TPU v4
发布年份	2015	2017	2018	2020	2021
推理	√	√	√	√	√
训练	×	√	√	×	√
峰值算力（单片）	92 TFLOPS	46 TFLOPS	123 TFLOPS	138 TFLOPS	275 TFLOPS
工艺	28nm	16nm	16nm	7nm	7nm
裸片尺寸	330mm²	625mm²	700mm²	400mm²	780mm²
晶体管数	3B	9B	10B	16B	31B
时钟速度	700MHz	700MHz	940MHz	1050MHz	1050MHz
TensorCores	1 颗	2 颗	2 颗	1 颗	2 颗
HBM 存储带宽	300Gb/sec	700Gb/sec	900Gb/sec	300Gb/sec	1200Gb/sec
矩阵输入	INT8	BF16	BF16	BF16/INT8	BF16/INT8
热设计功率（单片）	75	280	450	175	300

内容来源：企业官网，赛迪智库整理，2023 年 11 月。

第五节 前沿计算产品及服务

（一）量子计算

1. 量子计算概述

量子计算，依托量子力学的原理，代表了一种新颖的信息处理方式。它与传统的计算技术相比较，展现了超凡的计算能力与运算速度，被视为计算机科学领域的一场革命性变革。量子计算的核心单元是量子比特，这种单元能够同时存在于 0 和 1 的叠加状态，从而实现高效的并行处理，成为量子计算得以实现的关键。量子计算机作为量子计算的实施平台，有潜力提供远超经典计算机的计算能力。目前，在量子计算领域，不同的技术路径并行发展并进行着开放的竞争，中国在超导、半导体、光量子等多个技术方向上都取得了显著的进展。

量子计算对量子通信、量子传感等技术的推进具有显著影响，对于构建完整的量子信息技术体系起到了促进作用。随着量子计算原型机的成功开发，其在大数据处理、复杂计算求解等领域的潜力将得到充分发挥，为科学研究提供极其强大的计算支持。这将进一步推动量子计算在国防、金融、医疗等众多领域的广泛应用，并助力第四次科技革命在更多的领域取得突破性成就。

2．量子计算主要技术路线

（1）超导量子计算。超导量子计算作为当前最为热门的研究方向之一，利用超导电路来实现量子计算，其技术进展迅速，目前在各类技术路径中居于首位。超导量子计算的优势在于低功耗、高速率、能在低温环境下运行及便于操控等。从事超导量子计算机研究的企业和机构包括谷歌、百度、中国科学技术大学、IBM、Rigetti、IQM Finland、SeeQC 和 Quantum Circuits 等。2022 年，IBM 成功研制出了拥有 433 量子比特的 Osprey 处理器芯片。2023 年 12 月初，IBM 推出了全球首个模块化量子计算系统 IBM Quantum System 2，以及即将问世的量子处理器芯片 IBM Condor 和 Heron。其中，Condor 芯片拥有 1121 超导量子位，成为市场上首款达到 1000 量子位的量子芯片，也是目前所有技术路径中量子比特数最多的。

（2）离子阱量子计算。离子阱技术借助电荷与电磁场相互作用的力量来操控带电粒子的运动，以此实现量子计算的目标。这种技术拥有诸多优势，包括较长的量子相干时间、高品质的量子比特、较高的量子比特制备和读出效率，以及能够在室温下运行。2022 年，离子阱技术保持着双比特门操作的最高保真度。在量子比特性能方面也取得了进展，实现了量子体积的新高，并且在全球范围内以其 SPAM 保真度领先。在该技术领域，一些具有代表性的公司为 Quantinuum、IonQ、UQ（Universal Quantum）、启科量子和华翊量子等。

（3）光量子计算。光量子计算技术采用光子作为信息传递的媒介进行计算，理论上能够实现高度并行处理，从而在处理某些问题时展现出更高的效率和速度。此外，这一技术路径目前并未遇到量子纠缠的难题。在光量子计算领域，主要企业为 Xanadu、PSI Quantum、图灵量子和国盾量子等。2022 年 6 月，Xanadu 利用其最新的可编程光量子计算机 Borealis 成功进行了高斯玻色采样实验，证明了量子计算的优势。公司计划构建一个可扩展至 100 万量子比特的容错和纠错的量子计算机系统。2023 年 10 月，由中国科学技术大学等多家机构合作研发的光量子计算原型机"九章三号"成功实现了 255 个光子的操作，刷新了该领域的技术水平和量子计算优越性的全球纪录。

（4）拓扑量子计算。拓扑量子计算是一种量子计算的形式，它依据拓扑物理学的原理来保护量子比特中的信息。这种计算方式不同于传统的量子计算，因为它不是通过量子纠缠来保护信息的，而是将信息编码在拓扑结构中，这有助于提高量子计算机的可靠性和稳定性，同时增强了其容错能力。微软通过实现马约拉纳零能模和可测量的拓扑间隙，成功克服了生成拓扑量子比特的主要难题。然而，尽管拓扑量子计算展现出巨大的潜力，但目前仍然处于基础研究阶段，我们还无法确切知道哪种系统最适合其研究，或者这个研究方向是否值得继续探索。

（5）中性原子量子计算。在中性原子量子计算领域，单个原子通过激光冷却被置于超低温环境中，形成了一系列的原子阵列。这种技术的一个显著特点是，尽管原子被冷却到超低温，但整个设备的其余部分无须冷却，且原子间的距离仅为微米级别，使整个系统设计紧凑。在这种量子计算模型中，量子信息被编码在原子稳定的低能级状态中，这使中性原子量子比特的寿命远超超导量子比特。近年来，该领域的主要参与者已成功实现超过 100 量子比特的操控，并且公司如 ColdQuanta 和 Pasqal 等获得了大量投资，加速了商业化进程，其在量子模拟方面的优势也日益凸显。2023 年 10 月，潘建伟院士领衔的团队利用光晶格中束缚的超冷原子，成功创造出多原子纠缠态，这一成果是实现和控制大规模中性原子纠缠态的关键进展，为开发新型高效能量子计算机打下了坚实的基础。同样在 2023 年 10 月，一个由哈佛大学、麻省理工学院及中性原子量子计算机领域的领军企业 QuEra Computing 的相关人员组成的研究团队，在 60 个并行排列的中性原子量子比特上展示了高达 99.5%保真度的双量子比特纠缠门，标志着中性原子量子计算技术的重要成就。

（6）**半导体量子计算**。半导体量子计算的优点在于它能够与现有的 CMOS 制造工艺相结合，从而更容易地进行大规模的生产。与超导量子点相比，硅自旋量子点的大小要小得多。这种技术允许将数百万甚至数十亿个硅量子点集成到类似于先进微处理器的芯片上。利用成熟的晶体管制造技术，这些器件能够确保量子比特之间的精确匹配。由于其小巧的尺寸、良好的可扩展性以及与现代半导体工艺的兼容性，半导体量子计算被视为实现大规模量子计算机处理器的有力候选。在这一技术领域中，英特尔是领先者，它利用最先进的晶体管制造技术，如 EUV 光刻和栅极及接触处理技术，在 12 英寸晶圆线上生产了含有 12 量子比特的 Tunnel Falls 芯片，并且保持了 95% 的芯片良率。基于 Tunnel Falls 的下一代量子芯片预计于 2024 年推出。

3. 量子计算重点产品及应用

（1）**量子计算机整机**。

在量子计算技术的竞争中，超导、离子阱、半导体和光量子等多种技术路径正展开激烈的竞争，尚未出现明显的技术胜出者。

在超导量子计算领域，美国的科技巨头谷歌和 IBM 在样机开发上处于领先地位。2022 年，IBM 推出了 433 量子比特的 Osprey 处理器，并于 2023 年年底推出 1121 量子比特处理器，计划将 27 量子比特的计算能力出口至德国、日本、韩国和加拿大。2023 年 10 月，谷歌宣称其新款量子计算机拥有超过 500 量子比特的计算能力，使其成为目前最强大的量子计算机之一。2020 年，中国本源量子推出了首台国产超导量子计算机"本源悟源 1 号"，并在 2021 年完成了整机交付，使中国成为世界上第三个具备量子计算机整机交付能力的国家。

在光量子计算领域，加拿大量子计算公司 Xanadu 构建了可测量多达 216 个纠缠光子的光量子计算机 Borealis，并完成了高斯玻色采样实验，展示了量子计算的优越性。2023 年 10 月，中国科学技术大学潘建伟研究团队与其他机构合作，成功构建了 255 个光子的量子计算原型机"九章三号"，刷新了光量子信息的技术水平和量子计算优越性的世界纪录。

在离子阱量子计算领域，2023 年 5 月，Quantinuum 推出了全球性能最强的量子计算系统 H2，拥有 32 量子比特，并具备全连接功能。量子体积达到 65536（2 的 16 次方），单量子比特门保真度为 99.997%，双量子比特门保真度为 99.8%。中国的国开启科量子技术（北京）有限公司成为亚洲首家以离子阱为技术路线的量子计算企业，已发布中国首套量子测控系统 QuSoil 和国内首台模块化离子阱量子计算工程机"天算 1 号"。中国科学院物理研究所在离子阱方面，成功研制出世界上最大的离子阱量子计算机，实现了 50 离子阱量子位。2023 年 10 月，合肥么正量子科技有限公司发布了稳定囚禁 53 个离子的高通光离子阱原型机，这是目前国际上通光能力最强的离子阱系统。

在中性原子量子计算领域，主要公司如 ColdQuanta 和 Pasqal 等已突破 100 量子比特，并获得了巨额融资，商业化进程加快。量子运算创业公司 QuEra 在 AWS 量子运算服务 Amazon Braket 上推出了中性原子量子计算机 Aquila，提供多达 256 量子位元，这是目前市面上第一个公开上市的中性原子量子计算机，可用于探索高能物理、优化、材料科学等复杂问题。2023年10月，美国原子计算公司透露，将于2024年推出全球首台超过1000量子比特的中性原子量子计算机。

在半导体量子计算领域，英特尔的半导体量子比特芯片良率达到95%，刷新了硅自旋量子比特数量的纪录——达到12个。2020年，微软推出了目前世界上最大规模的半导体量子计算系统Azure Quantum。据微软介绍，其在4K低温环境下的"拓扑型"量子芯片，内置有1000量子位。清华大学于2021年推出了中国第一个自主研发的量子计算平台，其核心技术是一种新型的"硅自旋量子芯片"，并已成功研制出一款可工作于300K高温的SiC量子器件，并实现了100量子位。华为于2022年推出了世界上第一款基于碳纳米管的可商业化的半导体量子计算机——华为云—中国科学院（Capital）。华为自主研发的碳纳米管量子芯片，其工作环境可达77K（-196摄氏度），内置有10000量子位。

拓扑量子计算机的研究和开发仍处于早期阶段，但已取得了一些进展。例如，2018年，微软基于拓扑绝缘体的实现方法，展示了其开发的拓扑量子计算机的原型机。此外，IBM、谷歌等公司也在积极布局拓扑量子计算机的研究和开发。

（2）软件。

量子计算软件可以分为几个主要类别，包括基础软件、开发工具软件、应用服务软件和通用系统软件。

基础软件构成了量子计算软件技术的基石，为上层软件的开发和应用功能提供了必要的支持。它主要包括量子编译软件和量子测控软件。量子编译软件负责将量子程序转换为可执行的指令，确保量子操作和经典操作的语法规则得到正确协调和约束，常见的编译软件有QASM、eQASM、QSAM-HL、Quil、OpenQASM、f-QASM和Jaqal等。量子测控软件则提供了测量结果的反馈和芯片校准功能，对于确保量子计算处理器的稳定运行至关重要，其中包括 LabOne、HVI、Optimus 和 PyQCat 等。

开发工具软件为研究人员和开发者提供了一套工具，以便他们可以编写和运行量子算法和程序，从而实现量子程序的快速开发。这些工具软件包括 Qiskit、Cirq、QDK、QPanda、ProjectQ、HiQ、Forest 和 SuperstaQ 等。

应用服务软件是量子技术实现实际应用的关键，它根据行业需求提供特定领域的解决方案，并通过上层编程开发为不同的应用场景提供服务。这些软件通常包括特定的解决算法、匹配特定场景的应用程序以及云端人机交互环境。常见的应用服务软件领域包括量子化学、量子机器学习和量子组合优化等。

通用系统软件的主要作用是实现量子资源的系统化管理和自动任务调度，它能够有效地隐藏软硬件之间的差异性，确保量子计算任务的高效执行，并简化量子计算的操作和应用。未来，这类软件有望加速量子计算的高效运行，实现计算资源的共建共享。目前，已公布的量子计算操作系统软件包括英国的 Deltaflow.OS、奥地利的 ParityOS 和中国的本源司南等。

（3）量子算法。

量子算法是在量子计算的现实模型上执行的一系列逻辑程序。其设计的核心在于利用干涉现象，并通过线性酉算子操控量子态的演化，以最大化目标态的概率。根据运行的物理环境，量子算法可以分为纯量子算法、量子—经典混合算法和量子衍生算法。纯量子算法是在量子计算机或其模拟环境中运行的；量子—经典混合算法，也称为变分量子算法，是由量子计算机和经典计算机共同运行的；而量子衍生算法并不需要在量子计算机上运行，它们只是利用了量子力学的概念。

从计算任务的角度，量子算法可以被进一步分类为基本量子算法、量子搜索算法、量子优化算法以及量子机器学习算法等。

基本量子算法包括量子傅里叶变换、相位估计、HHL 算法（用于解决线性方程和矩阵运算）等，这些算法相比经典算法能够显著地加速计算，并为后续的量子机器学习算法提供基础。量子搜索算法是一类可以加速经典搜索过程的量子算法。量子优化算法利用量子力学规律或量子计算思想来解决优化问题，主要包括量子退火算法、量子近似优化算法、滤波变分量子算法、量子梯度估计算法、量子梯度下降算法等。此外，量子内点法、量子牛顿法、半正定规则、量子凸优化算法等量子优化算法陆续被提出，为线性规划、二次规划和非线性规划提供了更多的求解工具。

量子机器学习是将机器学习和量子计算这两种新兴的计算模式结合起来，它能够在高维空间中智能地处理数据。量子机器学习包括量子计算使能的机器学习和机器学习使能的量子计算。根据设计方法，量子机器学习可以分为四类：一是基于经典机器学习思想设计的量子算法，如量子支持向量机、量子神经网络、量子线性回归；二是利用 HHL 和 Grover 等传统量子算法设计的新算法；三是量子—经典混合机器学习算法，如变分 QSVM 等，它们相比经典算法显著提高了性能并降低了复杂度；四是利用量子算法思想改进的经典机器学习算法。

（4）量子计算云平台。

量子计算云平台融合了量子计算和云计算的技术优势，为量子计算的研究与开发提供了强有力的支持。目前，全球约有 20 多家公司提供量子计算云服务，他们将量子计算机与云计算结合，使用户即便在没有实体量子计算机的情况下，也能通过网络进行访问。这使用户能够在云计算环境中运用量子计算机，云平台的出现显著提升了公众获取量子计算服务的便捷性。量子计算云平台的主要提供商包括 Amazon Braket、D-Wave 的 Leap、IBM 的 IBM Quantum Experience、谷歌的 Cirq、Rigetti 的 Quantum Cloud Service、微软的 Azure Quantum、Xanadu 的 Strawberry Fields、本源量子云平台及华为的 HiQ 等。

2021 年 3 月，IBM 推出了全新的云平台，该平台由 IBM Quantum Composer 和 IBM Quantum Lab 组成。2018 年 7 月，谷歌 AI Quantum 团队

发布了 Cirq，它支持 53 量子比特的量子处理器。2019 年 12 月，亚马逊推出了量子云平台 Braket，该平台支持 D-Wave、IonQ、Rigetti 三家的量子计算机。2022 年，D-Wave 推出了第一台可以通过 Leap™量子云服务在美国访问的 Advantage™量子计算机，提供 5000 量子比特。2022 年 8 月，中国首个原子量子计算云平台——"酷原量子云"由中科酷原科技（武汉）有限公司推出，提供中性原子量子计算模拟器及 Qiskit 量子计算模拟器。2022 年 9 月，Rigetti Computing 在微软 Azure Quantum 平台上以公共预览版形式推出了 Rigetti QCS™，Azure Quantum 用户可以按需访问 Rigetti 的 80 量子比特 Aspen-M-2 和 40 量子比特 Aspen-11 超导量子处理器，以开发和运行量子应用程序。

（5）产业化应用。

目前，全球许多国家如中国、美国、英国、法国、俄罗斯、德国、奥地利、瑞士、澳大利亚、加拿大和日本等，都在积极研究量子信息技术，并且各自推进的研究方向和路线图都有独特之处。量子计算技术在人工智能、化工医药、材料模拟、教育科研、金融科技及密码安全等多个领域显示出独特的优势，显著提升了计算能力。尽管如此，量子计算的局限性依然存在，导致它还不能提供通用型的计算服务。在量子计算的商业化进程中，从国内的情况来看，虽然与国际上的 IBM 和谷歌等公司相比，我国在量子计算方面还存在一些差距，但仍然处于全球领先的第一梯队。根据行业专家的看法，国内量子计算领域实现商业化可能需要超过 10 年的时间。2023 年 5 月，北京量子信息科学研究院的量子计算云平台在金融等领域进行了初步的应用测试，预计将在科研、能源等更多领域开展实际应用。

（二）类脑计算

1. 类脑计算概述

类脑计算模仿了神经生理学和心理学的机制，通过计算建模和软硬件的协同工作,致力于实现机器智能的计算。这一领域结合了生物科学计算和计算机科学计算。类脑计算可以从狭义和广义两个角度来理解。狭义上,它是指一种辅助脑科学研究的计算方法或系统;广义上,它是一个全面的计算体系,涵盖了类脑芯片、学习计算框架、从高级语言到低级语言的编译器,以及类脑应用等多个方面。尽管近年来类脑智能领域取得了一些科研成果,但由于对大脑机制的认知不足、类脑计算模型和算法的精确度有待提高,以及现有计算架构和能力的限制,全球在该领域的进展相对缓慢。然而,值得关注的是,尽管我国在该领域的起步晚于其他国家,但已经达到了世界领先的发展水平。

2. 类脑计算重点产品及应用

(1)**类脑芯片**。类脑芯片模仿了人脑的架构和大脑的工作原理,从而在功耗和计算学习能力方面实现了显著提升。2019年,清华大学施路平团队推出了全球首款异构融合类脑计算芯片,这款芯片结合了类脑计算和机器学习的特点,增强了各种系统的功能,推动了通用人工智能的研究和进步。2020年,清华大学微电子学研究所在这一领域取得了突破,研发出了全球首款多阵列忆阻器存算一体芯片,其性能比GPU还要强大两个数量级。2021年2月,北京大学成功研制出国际上功耗最低的通用型AIoT唤醒芯片,该芯片在语音关键词识别率达94%、异常心电图识别率达99%的同时,功耗仅148nW。同年12月,新加坡科技设计大学开发出了一种基于二维材料的新型人工突触,这种突触在降低硬件成本的同时,为高度可扩展的类脑计算提供了可能性。2022年2月,复旦大学李卫东团队开发出了多通道全无线神经信号记录芯片模组,为研究大脑机制提供了高通量和微负荷的神经元同步记录与分析系统。2022年5月,清华大学设计出了全球首款面向智能机器人的类脑计算芯片,并配备了完善的软件工具链。2023年10月,IBM推出了名为"北极"(NorthPole)的高性能类脑芯片,该芯片在能效性能方面表现卓越。

（2）脑机接口。脑机接口技术通过在人脑神经系统与外部设备之间建立通信连接，实现了大脑与机器之间的直接信息交换和功能整合，从而极大地拓展了大脑的功能应用。2020年5月，美国贝勒医学院的Daniel Yoshor研究团队利用这项技术，通过动态电流刺激大脑皮层，成功地将视觉信息直接传达到大脑，帮助视力受损的患者恢复了视力。2021年4月，美国Neuralink公司在猴子的大脑上测试了脑机接口，使猴子仅凭大脑思维就能够操控模拟乒乓球的电子游戏。同年5月，一个由斯坦福大学、布朗大学等多所机构组成的团队开发出了一套意念写字系统，该系统能够让肢体瘫痪的人士将脑中的写字想法实时转换成屏幕上的文字。近年来，仿生义肢、意念控制机器人等脑机接口产品的不断涌现，为行动不便的人群带来极大的帮助。

（三）生物计算

1．生物计算概述

生物计算利用生物分子的信息处理能力进行数据运算和处理。生物体内分子间的信息交流高效且迅速，加之分子的高适应性、自组织能力和自我修复特性，为开发新型计算机系统创造了条件。DNA计算是生物计算的一种形式，它通过DNA序列的信息进行计算，利用DNA的加减法运算和自组装特性编码和处理信息。除此之外，还有RNA计算和蛋白质计算等不同的生物计算方法。与传统的基于硅基电子的计算机相比，生物计算机利用生物分子进行信息的存储和处理，具有更强的耐久性和适应性。

生物计算展现出了独特的优势和挑战。首先，生物分子的高度并行性和自适应性使生物计算能够更加高效和快速地处理信息，有潜力在相关领域实现突破性的进展。其次，生物计算的能耗极低，研究表明，它在能源消耗上比传统计算机有数个数量级的优势，这对生物计算的发展起到了推动作用。此外，生物计算的信息处理方式与人类大脑的处理方式相似，它依赖分子间的相互作用而非二进制计算，这为我们研究生理学和心理学问题提供了更深层次的视角。然而，生物计算也存在一些缺点，如由于生物分子的特性，其速度可能较慢，且准确性和可靠性难以保证。在应用方面，生物计算面临生物分子的控制和操作、生物分子的不稳定性以及在大规模计算中分子间相互作用等亟待解决的问题。

2. 生物计算应用

生物计算作为一种创新性的计算模式，展现出了一系列的应用潜力。在生物医学领域，这项技术能够用于基因组的测序、疾病的诊断以及新药的开发等多个方面。以基因组测序为例，生物计算中的 DNA 计算技术能够通过离子缩聚等方法实现高效快速的测序，显著降低了测序的经费和时间成本，同时提高了测序的精确度。此外，在仿生机器人领域，生物计算的应用同样广泛，它能够模拟人脑神经系统的信息处理方式，从而实现更高效的智能机器人控制。在环保和能源领域，生物计算也有所应用，例如，利用基于生物计算的蛋白质技术优化太阳能电池的蛋白质计算技术，可以更精确地模拟太阳能转化为电能的光电反应，进而有效提升太阳能电池的能量转换效率。

第五篇
算力应用与行业赋能机制

CHAPTER 9 | 第九章
工业大脑

工业是国民经济的主导产业。随着科技的发展和数字化转型的推进，计算在工业中发挥着关键的作用，为行业带来智能化改造和效率提升新契机。

第一节　算力应用逻辑

一是设计与仿真优化。算力应用可以通过在设计过程中利用大数据和仿真技术，实现工业设计优化和性能预测。利用智算中心来搭建设计工厂的数字孪生模型，在仿真平台进行新产品的设计开发，通过分析海量的工程数据和模拟计算，算力可以加速产品设计和优化过程，提高产品的质量和可靠性。

二是智能制造与工艺优化。算力应用可以实现工业制造过程的智能化控制和工艺优化。通过实时监测生产数据和应用智能算法，算力可以优化制造工艺，依靠积累的经验分析工业制造的可靠性和实用性，缩短新产品的开发流程，提高生产效率、降低生产成本，并实现柔性化生产。

三是故障诊断与预测维护。算力应用可以通过对工业制造的传感器数据和运行状态的监测，实现故障诊断和预测维护。通过建立故障模型和利用机器学习算法，算力可以提前发现潜在故障，并采取相应的维护措施，避免生产中断和减少维修成本。

第二节　算力应用案例

产品设计优化。工业制造企业可以利用大数据和仿真技术，对产品设计进行优化。例如，利用算力进行结构优化，提高产品的强度和轻量化程度，从而提高产品的性能和市场竞争力。

智能制造系统。构建智能制造系统，通过实时监测和分析生产数据，实现工业制造过程的智能化控制，对工艺参数的实时调整和智能调度，提高生产效率和产品质量。

预测维护系统。构建预测维护系统，通过对工业传感器数据的监测和分析，实现故障预测和预防性维护。利用算力应用实现对关键设备运行状态的实时监测，通过算法预测设备故障，并提前采取维修措施，避免生产中断和减少维修成本。例如，石油冶金工厂中存在的大量需要检测维护的输送管道，可以依靠算力调度平台集中管控，及时发现故障点，提供检修方案，防范安全风险。

第三节 行业赋能机制

通过计算技术优化产品设计和制造过程，提高产品质量和生产效率，提升工业制造企业营收增速。智能化改造可以降低生产成本，依靠仿真平台降低设计试错成本，缩短设计开发流程，发现潜在问题，增加企业利润。

随着工业制造业的发展，数据规模和复杂度不断增加，算力平台能够很好地集成既有经验，建立专用大模型，在生产过程中迭代发展，为现有生产线提供保障的同时，为新产品的开发提供支撑。因此，工业制造企业需要强大的算力支持来处理和分析大量的工程数据，实现产品设计优化、智能制造和预测维护等应用。

算力应用的投入产出情况与具体应用相关。在工业制造领域，算力应用可以为技术问题提供解决方案，为生产流程管理建立统一平台，为劳动密集型行业减少用工依赖，从而降低生产成本、提高产品质量和生产效率，产出效益显著，但仍需考虑硬件设备和人才培养等方面的投入成本。

第四节 应用场景展望

计算技术将推动工业制造业向联网工厂和智能供应链的方向发展。通过实时数据采集、传输和分析，实现工厂内外各环节的智能协同和优化，提高供应链的效率和可靠性，实现工厂联网和供应智能化。

随着算力技术的发展，工业制造企业可以利用虚拟仿真和数字孪生技术，在虚拟环境中进行产品设计、工艺优化和故障预测等应用。这将降低实验成本和风险，并提高产品研发和制造的效率。

计算技术将进一步推动工业制造业向数字化、自动化、智能化的方向发展。通过深度学习和机器学习等算法，实现工业制造的智能感知、决策和控制，提高工业生产全过程的自主性和智能化水平。

CHAPTER
10 | 第十章
城市大脑

计算+城市大脑：普惠性、感知性的城市治理智慧中枢。"城市大脑"是具有类生命体的自我学习、自我判断与自我改进的特征，能够对城市进行感知连接、融合交互，实现公共资源配置优化、公共服务精准化、城市治理智能化、政府决策科学化、民生服务便捷化、数字产业集群化的智能中枢和新型智能基础设施。城市大脑是计算技术与城市建设相结合的产物，整体架构如图 10-1 所示，在人类智慧和机器智能的共同参与下，在大数据、人工智能、边缘计算和数字孪生等计算技术的支撑下,通过城市一体化计算平台、城市数据资源平台和人工智能开放服务平台，实现城市运行态势一屏统揽、城市运行体征的全局监测和智能预警，全面赋能城市治理手段、治理模式和治理理念创新，提升城市治理和公共服务现代化、科学化、精细化水平。城市大脑通过对城市全域运行数据进行实时汇聚、监测、治理和分析，全面感知城市生命体征，辅助宏观决策指挥，预测预警重大事件，配置优化公共资源，保障城市安全有序运行，支撑政府、社会、经济数字化转型。重点聚焦智慧城市算力基础设施和城市治理细分环节的计算服务体系，围绕智能计算、边缘计算、高性能计算等先进计算技术产品在新型智慧城市建设中的赋能应用，面向数字孪生城市、智能化城市数据分析、环境仿真模拟、智慧交通、数字安防、智慧水务、智能机器人等典型应用场景，以先进计算技术产品提升城市规划建设能力、事件处理调度能力。

"城市大脑"以共性基础平台建设和场景创新应用为重点，以实现对城市全局的及时分析和智能化调配为目标，打通横向各部门、纵向各层级的业务壁垒，破除数据条块管理模式，充分推进城市产生的内外部数据资源共享复用、互联互通、智能融合、迭代演进、全面赋能，有效降低治理成本，提高治理效率，是促进经济、社会、文化、生态建设全面演进的助推剂和新引擎。

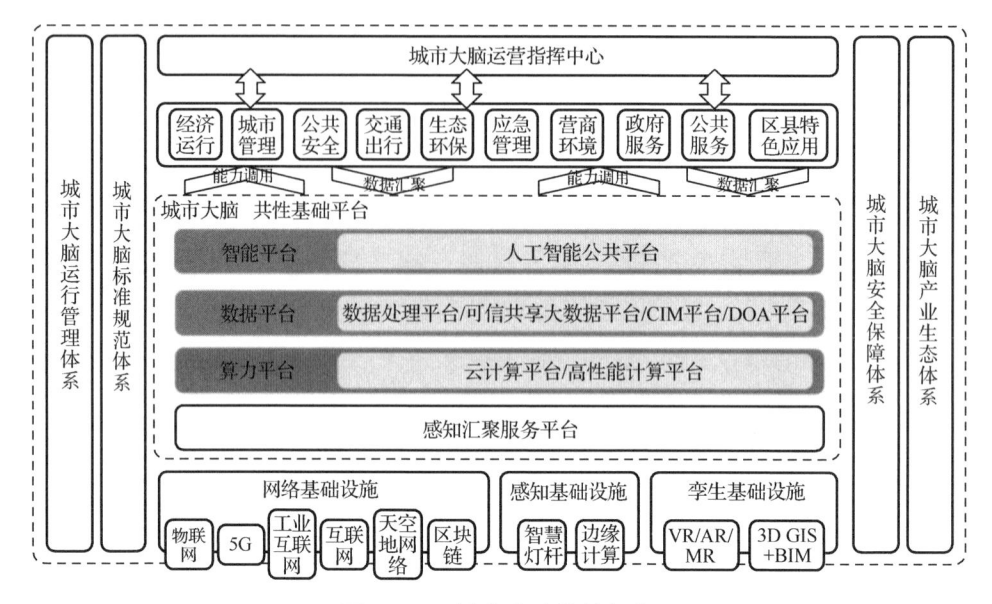

```
                    ┌─────────────────────────────────┐
                    │      城市大脑运营指挥中心         │
                    └─────────────────────────────────┘
        ┌──┬──┬──┬──┬──┬──┬──┬──┬──┬──┐
        │经│城│公│交│生│应│营│政│公│区│
        │济│市│共│通│态│急│商│府│共│县│
        │运│管│安│出│环│管│环│服│服│特│
        │行│理│全│行│保│理│境│务│务│色│
        │  │  │  │  │  │  │  │  │  │应│
        │  │  │  │  │  │  │  │  │  │用│
        └──┴──┴──┴──┴──┴──┴──┴──┴──┴──┘
```

图 10-1 城市大脑整体架构

（内容来源：企业官网，赛迪智库整理，2023 年 11 月）

第一节 算力应用逻辑

城市大脑作为算力时代的重要应用，其核心逻辑在于利用大规模的计算能力对城市全域运行数据进行实时汇聚、监测、治理和分析。通过构建智能算法，实现城市各项资源的高效协同和优化配置，从而提升城市运行效率和居民生活质量。城市大脑将计算能力渗透到城市的各个角落，如同电网般支撑起城市的智能化发展。工业和信息化部 2023 年度先进计算典型应用案例名单（城市大脑）如表 10-1 所示。

表 10-1 工业和信息化部 2023 年度先进计算典型应用案例名单（城市大脑）

序号	案例名称	牵头申报单位	推荐地区
1	新一代城市交通算力基础设施——鲲巢双智路口	北京千方科技股份有限公司	北京市
2	基于飞腾的核心区域管理安全增强系统	北京深启科技有限公司	北京市
3	城市 CIM 多源异构大数据系统	国家超级计算天津中心	天津市

续表

序号	案 例 名 称	牵头申报单位	推 荐 地 区
4	易县城市大脑	中关村科学城城市大脑股份有限公司	河北省
5	服务城市大型综合交通枢纽的智慧交通协同指挥平台	卡斯柯信号有限公司	上海市
6	杭州高新技术产业开发区（滨江）一网统管系统	新华三技术有限公司	浙江省
7	金华市城市大脑	金华市大数据发展管理局	浙江省
8	节能错峰智慧供水系统	安徽舜禹水务股份有限公司	安徽省
9	基于一云多芯的政务云平台	浪潮（山东）计算机科技有限公司	山东省
10	基于人工智能的智慧水利数字孪生系统	智洋创新科技股份有限公司	山东省
11	城市级算力与人工智能数字产业服务应用标杆	中科升哲数据科技有限公司	湖北省
12	遥感影像统筹及卫星应用系统	湖南大学	湖南省
13	长沙市望城区基于鲲鹏架构的新型智慧城市应用	长沙市望城区数据资源中心	湖南省
14	基于边缘AI一体机的重大危险源监测监控系统	重庆数智逻辑科技有限公司	重庆市
15	国家智算存一体化大数据中心（成都智算中心）	四川华鲲振宇智能科技有限责任公司	四川省
16	基于达州市城市大脑的公共资源交易大数据监管平台	达州市数字经济局	四川省
17	基于物联网的高速公路自由流云收费一体化解决方案	云南南天电子信息产业股份有限公司	云南省
18	基于人工智能的陆海交通云服务平台	厦门卫星定位应用股份有限公司	厦门市
19	基于数据流AI芯片的生活垃圾全过程分类物联感知系统建设	深圳鲲云信息科技有限公司	深圳市

内容来源：工业和信息化部官网，赛迪智库整理，2023年12月。

第二节　算力应用案例

新一代城市交通算力基础设施——鲲巢双智路口。北京千方科技股份有限公司（以下简称千方科技）于 2022 年发布的"鲲巢·双智路口"具备三大特性：双智协同，即智能网联、智慧城市路口感知设备共建、数据共享、算力共用；平台开放，即此次打造的是一个开放解耦、兼容扩展的云边一体开放平台，通过云边一体 OS 打通云边端物理界限，向应用层面提供 AI 智能、数据智能、业务智能、数字孪生底座等支撑能力，支持软件定义交通基础设施；应用赋能，聚集行业生态应用，以六大基础应用和多元化生态应用满足城市交通发展需求。

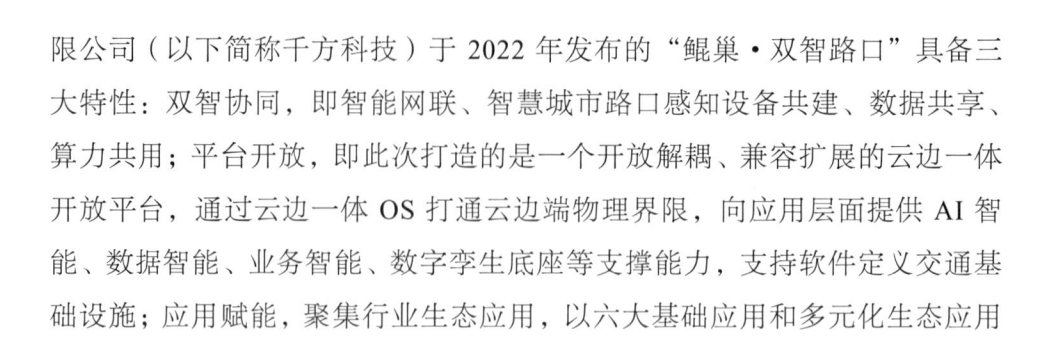

通过感知设备共建、数据共享、边缘算力共用，"鲲巢·双智路口"可同时满足智能网联和城市交通管理核心业务需求。在此基础上，通过软件定义、平台升级，既能支撑当下城市交通需求，又可以应对城市管理中层出不穷的新需求。这正与千方科技全域交通战略的理念一脉相承。千方科技于 2020 年发布的 Omni-T 全域交通解决方案中，提出交通数字化要兼顾多领域业务融合，做到既可以解决当下问题，又能适应未来发展需求，此次"鲲巢·双智路口"的发布是全域交通战略在核心交通业务场景的有力承接和具体实践。"鲲巢·双智路口"由一套基础设施、一个开放平台、多元生态应用组成，由生态伙伴共建智能路口基础设施，以开放平台作为基础设施与行业应用的桥梁，通过应用赋能推动智能网联与智慧城市（交通）协同发展。

CHAPTER 11 | 第十一章
能源大脑

能源作为人类社会发展的物质基础和全球经济的重要支柱之一，正面临着供需格局的新变化和绿色低碳转型的新形势新挑战。在"双碳"目标与构建新型电力系统的双重驱动下，能源革命的系统性、全局性、复杂性、紧迫性被摆在了前所未有的高度上，能源生产管理方式、消费模式也将迎来重塑与变革。2023 年 3 月，国家能源局发布《关于加快推进能源数字化智能化发展的若干意见》，旨在推动能源产业与数字技术融合发展，加快规划建设新型能源体系，成为当前和今后一段时期指导能源产业数字化智能化转型升级、推动能源高质量发展的重要纲领性文件。随着电力数字化转型的不断深入，电网数字化、智能化已成为行业共识。电力 IT 系统，以及电力市场化和经营管理面临的挑战，要求电力企业不断提升自身竞争力，通过数字化手段实现企业转型升级。电力生产、运输、配送和消费等环节需要高效、安全、绿色、创新的加速解决方案，对底层算力底座提出了更高的要求。

第一节　算力应用逻辑

能源作为人类社会发展的基石之一，与算力呈现融合发展的新态势。**能源支撑算力提升，算力提升反哺能源科技突破，为能源数字经济发展持续赋能**。伴随人工智能、物联网、大数据等技术在能源领域更加深入广泛的应用，能源数字经济正在形成新的发展图景，能源发展对算力的需求进一步提高，算力在一定程度上决定了能源数字经济的成长空间和发展潜力。算力的提升将为能源电力大数据高效获取、分析和应用提供支撑，释放能源数据价值，并推动能源生产、能源消费向效率提升的方向进化，为"双碳"目标的实现注入动力。

能源发展需要多元灵活的算力模式。公有云、私有云、专有云和混合云基本涵盖了当前算力输出的模式，为能源企业破解数据应用难题提供了多种解决方案。但是，随着新兴数字技术与能源业务的深度融合，以人工智能为代表的个性化、专业化的计算需求呈指数型增长，传统算力模式已不能满足需求。面向不同主题，在图像识别、自然语言处理、语音识别等细分领域实施算力定制化，丰富算力选择空间，将进一步夯实能源产业发展基础，为新形势下我国能源数字经济高质量发展提供关键支撑。

算力的高耗能属性决定了算力与能源行业紧密的相互支撑关系。从计算的本质来说，是把数据从无序变成有序，这个过程一定需要能量的输入，算力水平的提升会带来电力水平的提升。仅从量的方面看，根据不完全统计，2020 年全球发电量中，有 5%左右用于计算能力消耗，而这一数字到 2030 年将有可能提高 15%～25%，也就是说，计算产业的用电量占比将与工业等耗能大户相提并论。对于计算产业来说，电力成本是除芯片成本外的核心成本，所以，电力与算力天然具有相互影响的关系。

为了支持新型电力系统的建设并推动能源行业的高质量发展，关键在于发挥"电力+算力"这一双引擎的驱动作用。当前，能源互联网企业面临的重要任务是如何促进大规模可再生能源的协同发展，这不仅是构建新型电力系统的需求，也是推动能源转型和可持续发展的关键环节。以电力新基建为契机，针对新型电力系统的发展需求，应当依托强大的算力支持和海量的数据资源，以及相应的平台支持，实现能源流、信息流和业务流的深度融合。这样做可以增强电网资源在大范围内的优化配置能力，提升电力的清洁度和绿色度，同时增强电网的安全性和稳定性。进一步地，这种深度融合和优化配置的能力有助于促进算力的可持续发展。在这个过程中，电力和算力将形成一种螺旋式的上升关系，相互促进，共同推动能源行业朝着高质量的方向发展。这种发展模式不仅能够提高能源效率和可持续性，还能够为整个社会经济的数字化转型提供坚实的基础。

第二节　算力应用案例

能源技术与数字技术快速融合，在迈向"碳中和"之路上，最关键的两个方向是发电侧清洁化与消费侧电气化，包括以全智能电网替代传统电网，以实现输电数字化等。近年来,算力赋能智慧能源的典型场景包括虚拟电厂、商业园区智能电网、绿色能源交易平台等,有效帮助能源负荷预测与优化、可再生能源优化开发、智能电网建设、能源算力中心建设等。

能源负荷预测与优化。借助大数据分析技术对能源数据进行深入挖掘,利用算力进行能源负荷预测和优化,可以帮助能源公司和电力供应商准确预测负荷峰谷,制定合理的能源供应策略,实现能源消耗的智能监测和预测,优化能源生产和供应链管理,降低能源成本和资源浪费。

美国 FREEDM 项目借助于电子技术的发展成熟,建立具有智慧功能的能源网络架构,吸纳大量分布式能源,验证了能源互联形成独立运行体系的可能性。

意大利国家电力公司通过整合各专业平台,实现对电动汽车、储能、灵活性能源需求的智能管控。

新加坡榜鹅数字园区内建设的商业园区智能电网项目,通过与该地区的开放式数字平台整合,实现楼宇间能源数据共享,提高能源效率并降低碳排放。据估计,该智能电网项目每年可减少 1700 吨碳排放量。

我国国家电网提出了"全球能源互联网"的概念,即以特高压电网为骨干网络、以输送清洁能源为主的全球互联的坚强智能电网。我国南方电网利用算力技术进行负荷预测和电力调度,提高了电网的供电可靠性和能源利用效率。

可再生能源优化开发。算力应用有助于可再生能源的开发和利用。通过对大规模气象数据、地理数据和能源产出数据的分析,算力可以预测风能、太阳能等可再生能源的产量和效益,优化可再生能源项目的布局和运营策略。

丹麦的风能开发就利用算力进行风能预测和优化,提高了风能发电的可靠性和经济性。

新加坡 SolarShare 项目利用区块链技术搭建了 P2P 绿色能源交易平台,

满足用户可再生能源交易需求，实现绿电就近交易。

腾讯云基于领先的云计算、人工智能、实时音视频、3D 引擎、物联网、网络安全等技术，以连接促进产业多端协同，助力分布式能源的快速发展，推动清洁能源的有效消纳，以智能帮助基建、运维、服务等各环节提升效率。

智能电网建设。算力应用可以推动智能电网的建设，实现电力系统的智能化管理和优化。通过算力技术的支持，电网可以实时监测电力设备的运行状态、故障预警等，提高电网的可靠性和安全性，实现智能配电和能源调度，从而提高能源利用效率。

德国意昂集团开发需求响应和虚拟电厂管理平台，通过平台将用户侧各类灵活资源有效整合利用。德国 eTelligence 项目运用互联网技术构建了一个能源调节及实时电力交易系统，利用对负荷的调节来平抑新能源出力的间歇性和波动性，提高了对新能源的消纳能力，验证了通过实时电力交易系统调节能源配置的可能性。

新加坡能源市场管理局联合胜科工业有限公司和南洋理工大学共同开发虚拟电厂，整合各类分布式能源的实时信息，优化全岛可再生能源的电力输出。

能源算力中心建设。能源算力中心的建立，是为了应对电网人工智能在大规模、复杂智能电网中高级应用的需求。随着以光伏为代表的分布式能源、以电动车为代表的用储一体终端以及高速成长的用户侧储能大规模接入，电网的稳定运行面临巨大挑战。在调控电网运行、平衡电力供需、优化潮流分布、支撑源网荷储协同互动、保障电力系统安全稳定运行等方面，智能算力的重要作用日渐显现。通过能源算力中心，AI 大模型赋能能源全域业务场景，深挖电力负荷侧灵活性，探索储能融合发展新场景，提升新能源主动支撑能力，将系统综合效率提高 35%以上。

2023 年 5 月 18 日，苏州市相城区人民政府与协鑫集团签署战略合作框架协议，联合打造首个应用于能源领域的全球领先的人工智能计算平台，计划提供 3000PFlops 以上的人工智能算力平台，采用业界领先的人工智能芯片和算力机组进行构建。目前，设备已经全部完成上架，正式开始调试验收。

第三节 行业赋能机制

提升企业的核心竞争力。推动数字化和智能化的进程，包括加强计算产业中关键核心技术的自主研发和掌握，确保这些技术的自主可控。通过这种方式，我们不仅能够充分利用数字化技术资源，实现赋能、赋值和赋智，还能够激发技术创新，推动产品迭代升级，引发业务模式的变革。这样的发展将为能源产业带来新的业态和应用场景，从而培育出新的竞争优势。

推动协同发展和提质增效。当前能源行业的数字化智能化进程大多处于起步探索阶段，迫切需要跨领域跨行业深度融合发展，推动产业链不同深度、不同维度的数字化智能化技术应用，走出一条集约发展的高质量新道路。

能源行业正面临着日益增长的能源需求和能源转型的挑战，对算力的需求也在不断增加。算力应用需要处理大规模的能源数据和相关信息，进行复杂的计算和模型训练，需要高性能计算设备和云计算平台的支持。投入产出方面，在能源负荷预测与优化等领域，算力应用可以降低能源成本和提高能源利用效率，产出效益显著。而在可再生能源开发与预测领域，由于算力应用可以提高可再生能源的利用率和经济性，产出效益也较为明显。

第四节 应用场景展望

未来，算力应用将促进分布式能源管理的发展。通过计算技术的支持，可以实现对分布式能源系统的监测和控制，优化能源生产和消费的匹配，实现能源的高效利用和供需平衡。通过算力技术的支持，可以实现对新能源产量和消费需求的实时监测和预测，提供精准的能源交易和定价机制，促进新能源市场的健康发展，推动新能源市场的交易和运营。计算技术可以优化能源供应链管理，提高能源生产和供应的可靠性和效率。通过算力技术的支持，可以实现对能源生产、储存、运输和消费等环节的智能监控和协调，实现能源供应链的高效优化。

（一）人工智能大模型赋能数字化转型

人工智能作为推动新一轮产业革命的关键动力，已成为能源行业向智能化转型的关键选择，同时也是国家实现"双碳"目标的重要战略资源。人工智能领域的突破性进展，尤其是以大模型为代表的技术，为能源电力的数字化转型提供了新的机遇。这些大模型能够全面赋能电力系统的各个环节，包括输电、发电、配电、变电、用电和调控，解决电力生产和运维中的诸多难题，同时提高行业的智能化水平并有效降低成本和操作难度。

在电力生产环节，通过构建基于人工智能技术的智慧虚拟电厂系统，可以实现对风能、太阳能、储能和用户侧可控制负荷资源的灵活聚合、智能调控，以及智能风险预警。

在电力运维环节，人工智能技术能够全面赋能电网和变电站的巡检流程，实现异常情况的主动告警，大幅提升运维效率，并显著减轻基层工作负担。

在电力营销服务环节，通过基于大语言模型技术的智能客服，可以打造人性化、全天候 24 小时的新型用电服务营业厅，为用户提供高效便捷的服务体验。未来，伴随着人工智能技术的广泛应用和深入发展，电力能源通用大模型的泛化能力将进一步快速提升，持续为电力行业智能化转型注入更强的动力，让人工智能比以前更好、更深度地掌握行业知识，成为行业专家，以更高效、更容易理解的方式助力电力行业发展。

（二）重构新型能源基础设施

电力和算力是支撑未来智能社会发展的重大基础资源，使用算力网络技术实现两种重要资源的灵活转化与高效调度，可以促进绿色能源消纳与绿色算力使用，大大提升资源使用效率，降低综合能耗开销。当前，电力在终端能源中的占比已超过 80%，未来能源形态是电力与算力融合的形态，电网将在输送电力的同时，充分考虑算力发展需求，促进算力基础设施与电力融合发展。用算法、算力、数据实现对能源供需的重构，开发出新的交易品种，生产数字能源的产品价值。

新能源算力网络在现有算力网络统筹算力资源、推进算力服务普惠化和产品化的基础上，实现了算力资源、网络资源和能源资源的融合与统一智能调度管理，除可优先使用可再生能源为算力设施供电外，更能针对可再生能源发电随机性、波动性、间歇性难题，智能地将算力任务运行与新能源发电在时间和空间两个维度进行匹配，使用当前新能源发电站的弃电支持算力任务运行，具有巨大的经济和生态价值，成为新型算力资源与新型算力服务融合的新形态。新能源算力网络架构如图 11-1 所示。

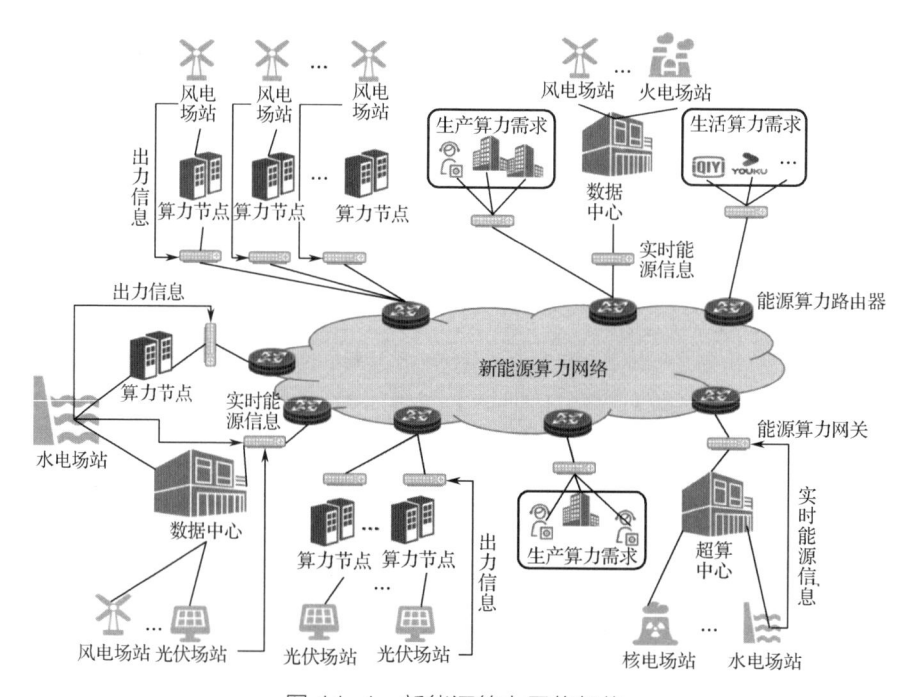

图 11-1 新能源算力网络架构

（内容来源：企业官网，赛迪智库整理，2023 年 11 月）

（三）区域能源互联网成为发展新模式

能源互联网是一种基于互联网概念构建的新型信息与能源相结合的广域网络。它以大型电网作为主网络，同时整合微网、分布式能源、智能社区等局部网络，形成一个开放和对等的信息化能源架构，实现能源的双向流动和动态平衡，从而极大地提高了新能源的接入能力。能源互联网汲取了互联网的开放性、对等性、互联互通和共享精神，旨在使能量交换像信息交换一样便捷和迅速，为用户提供更加丰富的服务。园区级、区域性的能源微网、分布式能源和智慧社区等，都是构建能源互联网的基础单元（见图11-2）。

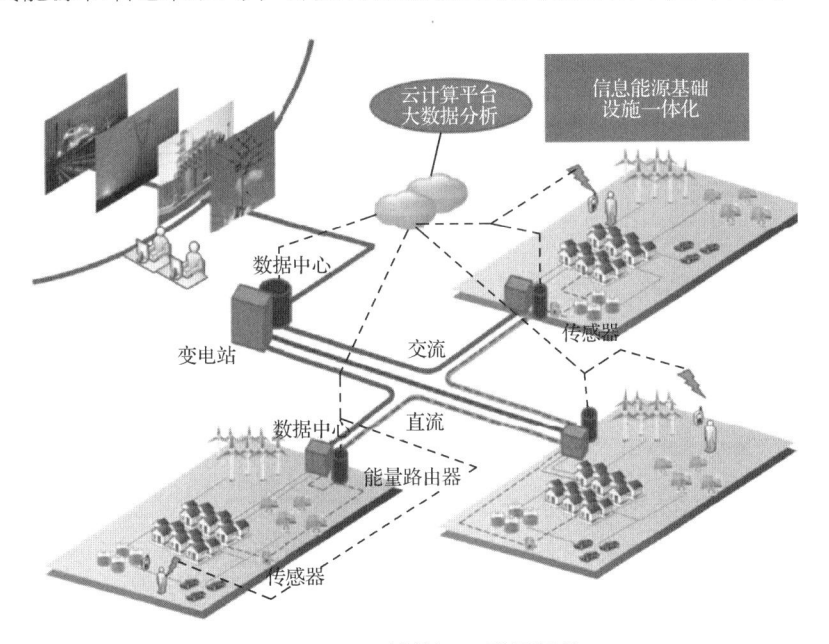

图 11-2　区域能源互联网架构

（内容来源：企业官网，赛迪智库整理，2023年11月）

区域能源互联网是信息与能源基础设施一体化的具体体现，它不仅在能量层面强调冷热电联供、风光储一体化、源网荷协同，还融合了信息、业务和价值的多层次功能。其面临的主要技术挑战包括新能源发电的间歇性和不确定性、电动汽车充电等随机性强的新型负荷比例的增加，以及电力市场交易等外部环境变化的影响，这些都为能量管理、调度、优化及价值实现带来了难度。近年来，随着能量路由器、能量管理平台、能源大数据分析、能源区块链等技术的进步，信息与互联网技术在能源领域的应用不断深入，区域能源互联网的发展取得了显著成果。在实现新能源的灵活接入、基于储能的削峰填谷、需求侧管理等方面，这些技术能够最大限度地解决问题。然而，在未来的产业化、商业落地和价值实现方面，仍存在一些痛点和瓶颈需要克服。

第六篇
算力经济治理初探

CHAPTER 12 | 第十二章
人工智能治理面临的
机遇和挑战

第一节　加强人工智能治理迫在眉睫

随着人工智能技术的持续进步，特别是 2023 年生成式人工智能技术的迅速崛起，为多个行业的成长开辟了新的道路。目前，人工智能的应用范围不断扩展，已经在金融、医疗保健、交通、制造业等多个领域得到了广泛应用，对经济社会的进步及人类文明的发展产生了深刻影响。尽管人工智能为全球带来了巨大的发展机遇，但与之相关的风险和挑战也日渐凸显。现阶段，人工智能对国家安全、网络安全和社会安全构成了严峻挑战，技术的不当使用和误解等问题引起了社会的广泛关注，因此，人工智能的治理迫在眉睫。

（一）国家安全风险

人工智能在国家安全方面的风险主要体现在它可能被用于服务某些政治目的，通过预测和控制社会舆论来达到影响他国公众意见、加剧他国内部矛盾和损害他国国家利益的效果，主要包括社会舆情攻击和军事安全威胁的风险。

社会舆情攻击风险方面，人工智能在社会舆情预测和管控方面的应用对网络安全至关重要，它直接关系到国家政治安全和社会稳定。近年来，深度伪造技术作为人工智能和数字技术进步的产物，在全球范围内迅速传播。利用深度伪造技术发布的视频中甚至有美国时任总统等多国政要的假冒形象。

在军事安全威胁风险方面，首先，人工智能可能被应用于致命性自主武器，通过自主识别目标、远程自动化操作等方式，隐蔽攻击者的身份并建立战斗优势。在美国将发展人工智能技术视为核心战略之后，许多国家纷纷跟进，引发了人工智能技术在军事领域应用的激烈竞争。这些积极发展人工智能武器的国家通常以维护国家安全为借口或目标，将发展人工智能武器视为"保持军事领先"或"实现军事逆袭"的关键手段，加快人工智能武器化的步伐。其次，人工智能能够将网络、决策者和操作者紧密结合，使军事行动更加精准、目标明确、打击范围更广。在美国军队的应用中，智能战争已成为特定行动司令部的重要战略。该司令部的主要任务是利用人工智能和大数据挖掘技术，帮助美军提前洞察敌人的整体部署和意图，使美军能够制订出更有效的攻击计划，迅速夺取战场控制权。

（二）社会安全风险

人工智能技术的发展为人类带来便利的同时也存在着潜在的就业与社会公平风险、伦理道德风险、知识产权风险等。

就业与社会公平风险方面，人工智能的进步正在使机器和算法走上许多工作岗位，特别是在低技能行业如制造业和服务业，机器人已经取代了一些工人的工作。如在律师、医生和顾问等岗位上，人工智能提供的数据分析、自然语言处理和决策系统在逐步取代人类。这种转变可能会导致社会资源分配的不均，因为机器能够迅速完成大量任务，可能会使富裕阶层扩大市场份额，而机器化可能导致贫困地区的人们失去机会，从而加剧贫富差距。因此，制定相关政策、措施和投资方向，以促进与人工智能相关的产业发展，增强经济体制的适应性，解决由人工智能带来的社会问题，已非常紧迫。

伦理道德风险方面，ChatGPT 等人工智能模型对世界的理解是基于对大量数据的分析，其道德行为取决于算法内置的价值观和道德原则。例如，自动驾驶汽车的 AI 系统可能会优先考虑安全，但车内与车外人员的安全权重是由开发者决定的。随着 AI 系统的发展，目前尚无系统性方法对其进行伦理审查。

知识产权风险方面，随着生成式人工智能的兴起，基于 ChatGPT 收集、训练、引用或生成的作品和代码可能会与现有的知识产权产生冲突，迫切需要建立新的社会契约和法律框架。ChatGPT 之所以能够回答广泛领域的问题，是因为它拥有庞大的数据集和知识库。用户可以利用 ChatGPT 生成内容来完成作业或学术论文等创造性工作。从著作权法的角度来看，这些通过 AI 技术生成的"答案"是否构成作品、是否存在侵权风险，以及如何评估 AI 创作中的知识产权原创性，都是迫切需要解决的问题。

（三）数据安全风险

人工智能技术的迅猛发展和应用正引领我们进入一个由人工智能驱动的新时代。大数据是支撑人工智能研究和实践的基石，但随着数据在各个领域的广泛收集和应用，数据安全和隐私保护正面临前所未有的挑战。数据安全风险主要包括隐私泄露、敏感信息泄露和数据霸权主义等风险。

隐私泄露风险方面，人工智能算法的不可预测性可能导致数据滥用和隐私泄露。例如，ChatGPT 模型在训练时可能使用了未经用户同意的数据，这涉及非法数据收集和侵犯个人隐私。美国人工智能初创公司 OpenAI 对 ChatGPT 数据的来源没有给出明确说明，其使用条款允许 OpenAI 广泛使用用户数据，但尚未详细说明这一机制如何有效执行。ChatGPT 能够进行连续问答，收集用户的问题，这可能导致用户在不知情的情况下接受更为精准的广告推送，从而泄露用户的隐私信息和行为习惯。

敏感数据泄露风险方面，人工智能技术能够迅速识别和捕获网站中的敏感信息，从而增加了数据泄露的风险。如果用户在输入请求时包含个人信息、业务数据或商业机密，这些数据可能会被泄露。数据泄露分为直接泄露和间接泄露两种形式。直接泄露与传统的隐私泄露相似，攻击者通过各种手段窃取用户的对话内容。间接泄露则是指在使用用户的对话内容（如商业机密、隐私、核心算法）训练 GPT 模型后，模型可能将隐私内容暴露给其他用户。例如，2018 年华住集团连锁酒店的用户数据泄露事件，涉及 1.3 亿人的个人信息和入住记录等共计 5 亿条信息被网络黑客泄露和出售。

数据霸权风险方面，人工智能的发展可能导致数据资源的争夺，进而产生新的"数据霸权"。随着 ChatGPT 的广泛应用和用户数量的激增，背后的科技公司正在积累计算资源、算法模型和数据质量上的优势，这可能导致全球数据收集、信息处理和大模型训练的竞争格局出现垄断。这种趋势可能形成"强者恒强"的马太效应，产生新的"数据霸权"和"算法霸权"。

（四）网络安全风险

人工智能技术可能被用于网络攻击和安全威胁。借助人工智能，网络攻击者能够针对特定目标发起高效、隐蔽的攻击，使网络空间充满不确定性。网络安全风险主要涉及不良信息的传播风险和网络攻击风险两个方面。

不良信息传播风险方面，首先，人工智能内容过滤系统的不足可能导致不良信息的传播。尽管人工智能应用实施了内容过滤策略，但由于多媒体识别技术的局限、监控策略的不周全以及无法对生成内容进行"前置审核"，不良信息仍有可能绕过过滤机制，这可能导致诈骗、身份盗窃、色情等不良信息在交互过程中被传播。其次，人工智能生成的内容可能误导或影响用户。恶意行为者可以利用语言模型生成大量旨在操纵公共舆论或传播不实信息的垃圾邮件或虚假信息，从而误导用户的判断。例如，2023年3月，山东警方破获了一起利用群控软件和人工智能技术大规模爬取和篡改敏感社会事件的网络水军案件，涉及的自媒体账号达4万多个，虚假帖文超过80万篇。

网络攻击风险方面，首先，人工智能技术可能帮助黑客提升网络攻击的技术水平和能力。随着人工智能技术的发展，攻击者将能够更快速、更准确地发现系统漏洞，发起更难以察觉的攻击。其次，黑客可能利用人工智能的编程能力来创建网络攻击工具。例如，ChatGPT能够自动生成代码，这为黑客提供了便利，使他们能够更轻松地设计和实施恶意代码。网络安全组织已经发现，ChatGPT生成的代码可以有效地利用系统漏洞进行网络攻击。最后，人工智能可以基于社会工程学原理生成网络钓鱼信息。攻击者可以利用社交媒体或其他来源的大量文本数据，通过人工智能工具训练社会工程学模型，生成具有高度说服力的网络钓鱼邮件或信息，诱骗受害者泄露敏感信息。例如，自 2023 年 3 月以来，山东的张某某等 3 人运营了多个拥有百万名粉丝的"大 V"账号，编造并发布针对单位或个人的虚假信息，并利用多个账号相互转发评论进行炒作，以此向受害单位及个人敲诈勒索，严重扰乱了社会秩序，造成了恶劣的影响。

第二节 人工智能治理面临的挑战

（一）全球人工智能治理尚未形成有效合力

国际层面，在全球范围内，人工智能的治理正受到众多利益相关者的密切关注，这些利益相关者包括政府、非政府组织、学术机构和个体参与者等多方力量。政府在人工智能技术的应用和研发中扮演着关键角色。近年来，包括中国、美国、欧盟等在内的全球主要经济体都在加大人工智能技术的研究和投入，这推动了人工智能市场的持续扩张。目前，全球人工智能治理的关键问题包括规则的主导权、有效监管的实现、价值的体现以及方法的采取等。国际社会对于这些问题存在的争议以及缺乏集体行动的动力，构成了当前全球人工智能治理的挑战。目前，人工智能的国际规则和协调机制主要由以美国为中心的发达国家政府、私营企业和政府机构主导。特别是美国，为了争取更多的主导权，在全球人工智能治理中表现出技术遏制和脱钩的倾向，这进一步削弱了全球人工智能治理的有效性。由于技术差距和鸿沟的存在，新兴和发展中国家也在努力提升自身的人工智能技术能力，并积极推动全球人工智能治理的改革，以争取在人工智能竞争和规则制定中的话语权。新兴发展中国家与传统发达国家在全球人工智能治理中的竞争和博弈变得越来越明显。在人工智能治理的过程中，各利益相关者为追求利益最大化，纷纷寻求成为全球人工智能的领导者，这必将导致集体行动协调力的缺失，成为全球人工智能治理面临的重要限制因素。

（二）缺乏顶层设计和有效的法律法规制约

从国家层面来讲，我国在人工智能治理的顶层设计方面存在不足，缺乏长期有效的治理机制和系统性的规划。目前，一个涵盖计算能力、算法、数据和应用等方面的全面的人工智能综合治理体系尚未形成。同时，国内缺少及时和有效的人工智能治理相关法律法规。尽管近年来中国不断加强人工智能开发活动的治理，强调信任、控制、责任及敏捷应对等原则，但这些规定往往依赖于行政部门指导下的产品研发者和服务提供者的自我审查和执行，缺少第三方独立审计、测试和强制执行的制度安排，也缺少算法论证程序和问责机制的具体设计。2021年9月，国家新一代人工智能治理专业委员会发布了《新一代人工智能伦理规范》；同年，中国政府启动了人工智能产业的"清朗行动计划"，专注于算法滥用的专项治理。2022年，中国又启动了基于算法正义的综合治理，目标是在大约三年的时间里具体实施相关的伦理原则、法律规则以及技术性测试、监管和评价方法。2022年3月，中共中央、国务院颁发了《关于加强科技伦理治理的意见》。2023年4月之后，随着ChatGPT引发的全球性争议日益激烈，科技部及时发布了《科技伦理审查办法（试行）》草案，就新型人工智能治理向社会征求意见。此外，网信办提出了《生成式人工智能服务管理办法》草案，并向公众广泛征求意见。如何将这些规范文本与《中华人民共和国网络安全法》《中华人民共和国数据安全法》《中华人民共和国个人信息保护法》等现有法律法规进行更紧密地衔接和整合，还需要进一步的研究和改进。

（三）关键核心技术落后和监管体系不健全

核心技术的不足加大了人工智能治理的难度。在深度学习领域，由于计算成本的考量，国内人工智能企业大多专注于软件开发，而硬件投资不足，导致技术积累不足。同时，芯片等关键技术受限，使得国内研发投入不足，技术水平整体落后。国内人工智能技术发展依赖国外技术，与国外在技术创新上的差距较大，迫切需要提升算法、系统等基础能力。多种因素导致我国人工智能监管体系不完善。人工智能技术的快速发展与监管体系的缓慢进化形成鲜明对比。近年来，人工智能技术发展迅速，但社会、经济和法律体系的发展却相对缓慢。在技术监管方面，监管机构面对技术的快速迭代和社会问题挑战，往往需要谨慎和漫长的应对过程。特别是生成式人工智能技术，借助5G互联网技术的应用，发展速度加快，操作便捷，应用前景广泛。因此，生成式人工智能技术的快速发展亟待相应的治理能力。同时，由于生成式人工智能的"黑盒"特性，整个行业仍处于探索阶段，技术的保密性和安全性使其透明度不足，这进一步提高了有效监管的技术门槛。

（四）企业、民众等主体缺乏风险防控意识

风险管理是人工智能治理中不可缺少的关键部分，它关系到个人、企业、组织、社会乃至国家的安全与发展。目前，我国在人工智能风险管理方面存在几个问题，迫切需要采取有效的措施，加强全社会风险管理体系的建设。首先，风险管理意识较为薄弱。许多企业和个体对风险的认识不足，或者没有充分认识到风险管理的重要性，从而导致风险意识的严重不足。其次，缺少全面的风险评估体系。目前，社会对人工智能领域的风险评估往往被忽视，难以对人工智能风险进行全面的评估和预见，因此需要建立一个更全面的风险评估体系。此外，风险管理的方法和手段亟待提升。在风险管理过程中，许多企业仅采取简单的规避措施，缺乏深入思考和创新。随着人工智能技术的持续发展和应用领域的不断扩展，人工智能风险也在不断演变和升级，因此，风险管理体系也需不断更新和升级，以适应新的风险状况。

第三节 推动人工智能治理的建议举措

（一）国际层面：构建全球多元协同治理体系

全球人工智能治理作为一项全球性的公共议题，应当强调与人类命运的

紧密相连。各方主体不仅要建立符合共同利益的规范性共识，还要考虑各自的集体角色和对未来命运的影响。在全球命运共同体的大框架下，人工智能的全球治理应以开放和合作为核心，激发各类利益相关者的参与热情，形成一个包括国家政府、私营部门、国际组织及公民社会等多方参与的协同治理模式。通过积极参与全球人工智能治理事务，串联起全球范围内的治理平台和机构，搭建更加广泛的国际合作平台。

人工智能的发展取决于全球层面的协同治理体系，这需要各国政府在国家间形成竞争中的合作，私营部门营造支持负责任创新的环境，并开发应用新兴技术，而国际组织则可以在促进全球共识、推动共同目标实现和提升治理效率方面发挥作用。同时，全球人工智能治理的共同体不仅涵盖发达国家，也必须吸纳发展中国家参与。考虑到人工智能治理关乎全人类的共同利益，应当促进全球技术的平衡发展，赋予发展中国家更多的发言权，通过缩小数字和能力上的差距，推动人工智能技术在全球范围内的积极应用。

（二）国家层面：健全人工智能安全政策法规

为了确保人工智能产业的优质发展，安全政策和法规提供了必要的法治基础。首先，应根据国家的顶层设计来制定人工智能安全的相关国家战略。自 2017 年国务院发布《新一代人工智能发展战略》起，包括"十四五"规划和党的二十大报告在内的国家重要文件都强调了人工智能的发展方针。国家应当出台并执行人工智能的国家战略，以应对日益激烈的国际竞争。其次，人工智能的法规体系应当全面，包括伦理道德、人身安全、个人隐私保护、算法规范应用、技术滥用的防范以及知识产生的规范等。此外，应将现行的法律法规扩展应用到人工智能领域，如国家及行业主管部门推动《中华人民共和国网络安全法》《中华人民共和国数据安全法》《中华人民共和国个人信息保护法》《中华人民共和国反电信网络诈骗法》等相关法律在人工智能领域的应用。最后，应加强对人工智能技术的法律约束，结合《互联网信息服务算法推荐服务管理规定》《互联网人工智能算法深度合成管理规定》《生成式人工智能服务管理办法（征求意见稿）》和《科技伦理审查办法（试行）》等人工智能安全规定，加强对人工智能技术滥用等行为的约束。

（三）行业及企业层面：加快技术创新突破和健全监管体系

行业及企业必须提升科技创新的强度，专注于关键技术的研究与突破，以确保核心技术的自主性和可控性。这包括集中力量发展软硬件实力，特别是高端芯片和人工智能框架的自主研发和控制。算力是人工智能发展的"动力核心"，而高端芯片则是必不可少的。国产芯片水平与国际先进水平相比还有一定差距，这就需要我们不断地进行研发和攻克技术难题。人工智能的发展依赖于大量的训练数据和强大的计算能力，我国应当利用自身在大数据和计算能力方面的优势，将这些资源投入到人工智能产业的发展中，从而助力实现人工智能核心能力的自主可控。

同时，我们应提倡合规使用人工智能技术并加强行业自律。首先，建立和完善人工智能服务行业的监管体系，包括制定算法分级分类管理、算法推荐服务安全管理、人工智能滥用举报等制度，并进行人工智能应用安全合规性评估审查，以实现行业监管的闭环。其次，创新研究人工智能在网络安全领域的应用技术，利用人工智能提高防御复杂网络攻击的能力，同时提升企业在网络安全攻击检测、数据资产识别与风险监测、业务安全风控、不良信息识别、电信反诈、安全威胁分析、深度伪造识别等方面的技术能力。最后，对于人工智能与元宇宙等融合场景的安全风险，需要进行详细的风险梳理和技术防护储备，以预防大规模人工智能安全事件的发生。

CHAPTER 13 | 第十三章
算力出海面临的
机遇和挑战

第一节　算力出海是算力经济发展壮大的必经之路

（一）算力出海有利于拓宽我国算力经济市场底座

算力出海将强化国内国际双循环，加强我国与国际经济、产业、技术的接轨和交流，延伸计算产业链条，推动各类资源要素快速流动、各类市场主体加速融合，推动算力经济发展壮大，成为新的经济增长点。数据显示，2020年中国数字服务贸易规模在105个国家中居第五名，为十年来首次跻身全球前五名。在云计算领域，阿里巴巴、百度、腾讯在全球云服务市场份额合计占12%，许多企业在西亚、中东、南美和东南亚等地区已实现较好的经济效益和社会效益。

（二）算力出海为我国计算产业打造国际竞争力提供强力支撑

技术、产品、服务的提升来源于持续不断的市场反馈和迭代升级，算力出海将为我国计算产业全链条提供广阔的市场迭代空间，在全球竞争中推动建立计算产业生态体系，促进上下游企业协同发展。此外，在公开的市场竞争中，鼓励企业"走出去"，拓展海外市场，与海外企业和机构建立战略合作关系，通过引进先进技术、管理理念和人才，国内企业也将不断提升自主创新能力，掌握具有自主知识产权的核心技术，通过国际展会、研讨会等活动，提升产品和服务知名度，吸引全球客户和合作伙伴。

（三）算力出海将强化技术、产业、经贸、基础设施等多维度国际合作

发展中地区的算力基础设施尚待完善，算力全球化流通进程加速将大幅促进算力基础设施建设。通过与海外企业和机构的合作，既能促进海内外企业合作开展技术研发，也能促进两地产业协同发展。与此同时，通过参与国际相关标准和规则制定，促进与国际组织和企业的合作交流，可加强我国在

计算产业全球化发展进程中的话语权和影响力。

第二节　算力出海面临的挑战

受到地缘政治和经济逆全球化的影响，算力经济在出海过程中不可避免地面临诸多风险与挑战。

（一）算力基础设施供给能力仍有待提升

近年来，我国加快推动以算力基础设施为代表的新型基础设施建设，大力推动算力发展，算力基础设施硬件越来越完善，支撑数字经济发展和千行百业数字化转型的"算力底座"不断夯实。截至2022年6月底，我国在用数据中心机架总规模超过590万标准机架，服务器规模近2000万台，算力总规模超过150 EFLOPS（每秒15000京次浮点运算次数），居全球第二位。放眼全球市场，技术加速变革叠加数字化大趋势加速，算力需求呈指数级增长，当前我国超算和数据中心数量、规模及应用水平难以实现出海要求，亟待扩大基础设施建设规模和覆盖面积，打通算力流通渠道，拓宽合作范围，降低算力使用成本和难度。

（二）技术标准和互操作性的统一对算力出海带来较大挑战

在算力出海过程中，不同国家和地区的算力技术标准在网络协议、数据格式、接口标准等方面存在差异，需要对算力产品和服务进行定制化开发，导致算力出海标准化工作难度加大，其开发时间和成本大幅提升。此外，具备多语言、跨文化的沟通能力和技术背景的专业人才较为稀缺，需要加强培养和引进。

（三）全球各国相继出台相关法律法规强化算力经济监管

国内，《中华人民共和国民法典》《中华人民共和国数据安全法》《中华人民共和国个人信息保护法》等一系列涉及数据安全的法律法规在 2021 年密集落地施行。美国各州有各自的要求，如《加州消费者隐私保护法案》，欧盟的《一般数据保护法案》声名在外，印度、新加坡等也推出或修改了个人数据保护法案。如果出海企业对于数据合规不加以重视，可能所有的利润会被罚款"归零"。以金融行业为例，2021 年，相关监管机构共开出 1056 张与数据相关的罚单，涉及 554 家机构，处罚金额超 10.5 亿元。其中，数据合规的罚单占 18%。而欧盟相关法律的顶格罚款则高达 2000 万欧元。2021 年 9 月 2 日，爱尔兰数据保护委员会公布裁决，因脸书旗下即时通信工具 WhatsApp 违反了欧盟《一般数据保护法案》，被处以 2.25 亿欧元的罚款。委员会认定，WhatsApp 没有正确告知用户，它与母公司脸书共享个人数据的方式，对用户隐私构成威胁。

第三节　推动算力出海的建议举措

（一）以算力基础设施建设，畅通"对内联通"的数据动脉、"对外开放"的数据通道

基础设施互联互通是"一带一路"建设的优先领域，"走出去"是"一带一路"国际合作的重要内容，积极布局海外数据中心，支持计算产业链上下游企业"走出去"是数据"对内联通、对外开放"的重要路径。围绕"一带一路"建设，持续加强与沿线国家数据中心建设与使用的交流合作，推动数据中心联通共用；加强与沿线国家地区算力基础设施建设规划、算力网络技术体系对接，整合算力和数据资源，加快提升产业链端到端交付能力和运营能力，促进开展高质量国际合作；拓展"一带一路"数据算法的需求市场，推动数字和绿色服务贸易发展，为算力网络发展的国际化夯实基础。

（二）建立算力可信流通基础环境，提升国内外跨地区算力交易、协同交互能力

在有条件的地区设立算力和数据出海的自贸港或者实验区，探索算力交

易配套体制机制,推动开展社会算力资源共享交易试点,打造集中化算力资源管理、供需对接服务平台,健全算力和数据资源流通应用机制,完善数字资源跨地区、跨部门、跨行业的流通应用机制,形成自由流通、按需配置、有效共享的算力资源和数据要素市场。

(三)强化算力经济出海环境的打造

积极推动算力流通机制国际化推广和国际或地区性公约、标准的制定,推动与相关国家补充签订算力经济相关的监管协议和关税协议,填补监管空白,进一步加强国际税收信息交换、维护各国的税收权益,避免在国际上发生不必要的纠纷。建立白名单制度,打造"算力/数据朋友圈",探索与"一带一路"沿线中的区域性国际组织,尤其是东盟国家、非盟国家组织,参考CPTPP(《全面与进步跨太平洋伙伴关系协定》)、RCEP(《区域全面经济伙伴关系协定》)等国际协议的相关条款,再结合各国具体情况,完善数字贸易信息保护等相关的法律法规,完善个人信息与商业信息保护、算力基础设施建设、算力资源流通、数据跨境流动、安全防护等制度,营造友好公平、互利共赢的算力经济出海环境。

第七篇
算力经济指数

算力经济指数（Computility Economy Index，CEI）是基于算力赋能经济社会高质量发展的系统分析，旨在强调算力经济引领经济社会发展质量变革、效率变革、动力变革的重要作用。指标体系构建主要基于需求导向下算力赋能经济发展的质效，重点关注算力资源供给保障能力、产业发展效益、治理监管能力等方面，可分析不同区域在不同维度、时间节点的质效表现，为国家、区域之间对标分析提供依据，为判断地方与算力相关的经济转型质效提供指引。

CHAPTER 14 第十四章 算力经济发展水平评估体系

第一节 算力经济指数框架

算力经济指数从实践需求和产业经济构成角度，立足于算力基础设施、计算产业、应用赋能、算力治理等层面，遵循科学、系统、完备、独立、可操作等原则，构建一套评价指标体系。该指标体系包括算力基础设施、计算产业、应用赋能及算力治理 4 个一级指标，下设 10 个二级指标以及 49 个三级指标，如表 14-1 所示。

表 14-1 算力经济发展指标体系

一级指标	二级指标	三级指标
算力基础设施子系统	算力和存储基础设施	通用计算
		科学计算
		人工智能计算
		存储
		PUE
		可再生能源利用率
		建设运营投入
	网络基础设施	国家级互联网骨干直联点
		千兆光网覆盖率
		互联网专线用户
		网络出口带宽
		网络时延
		建设运营投入
计算产业子系统	产业实力	计算产业规模
		重点产品市场规模
		重点产品出口数量
		上市企业数量
		上市企业市值
	产业链完备性	计算器件产业链自给率
		计算软件产业链自给率
		整机终端产业链自给率

续表

一级指标	二级指标	三级指标
计算产业子系统	增长潜力	投融资事件数
		投融资金额
		企业研发投入比
		发明专利授权数
		每万人科技论文数
		创新公司上榜数
应用赋能子系统	行业应用水平	产业数字化规模
		上云企业数量
		行业赋能渗透率
	赋能能力	行业大模型发展水平
		国家人工智能创新应用先导区
		新一代人工智能开放创新平台
		国家实验室平台
		产业创新中心
		企业信息技术经费支出
		龙头企业布局
		解决方案提供商数量
算力治理子系统	法规环境	法律法规
		政策制度
		标准规范
		组织保障
	治理规则	算力跨境
		算力交易
		算力监管
		算力安全
	治理能力	算力服务有序性
		算力赋能政府治理有序性
		算力赋能行业发展有序性

内容来源：赛迪智库整理，2023年11月。

第二节 数据来源

数据来源包括国家统计局、工业和信息化部运行监测局等官方渠道，以及行业协会、IDC、Gartner、Wind 数据库等权威渠道，涵盖部分业界专家评价数据。采用相关模型进行综合评估，指标体系通过熵权-ANP 法衡量各子系统及指标对算力经济体系的贡献度，通过 DEA 模型评估评价对象在不同时间节点上整体及各子系统的产业经济发展质效。

CHAPTER
15

第十五章
国内算力经济
发展评估

第一节　算力基础设施子系统质效分析

从时间维度看，算力基础设施网络覆盖拓宽，建设成效逐步攀升。近三年来，以数据中心、云计算、边缘计算、超级计算为代表的算力基础设施建设加快推进，算力中心建设逐步由量的积累向质的跃升转变。

从区域维度看，不同地区的算力基础设施发展水平与投入情况整体呈现高度正相关。北上广等地区的算力基础设施发展质效引领全国，湖南、江苏、浙江、山东、宁夏、贵州等地质效水平较高。

第二节　计算产业子系统质效分析

从计算产业发展的**先行区域看**，东部地区如上海、江苏、浙江、广东等在计算软硬件方面优势明显，集群规模效应显现。**从追赶区域看**，中西部地区如湖南、湖北、重庆、四川等在整机终端的比较优势突出；其中，湖南计算产业的器件、整机和服务三大环节发展效率均高于全国平均水平。**从后发区域看**，东北地区在计算器件、计算软件、整机终端方面起步相对较晚，尚有较大进步空间（见图15-1）。

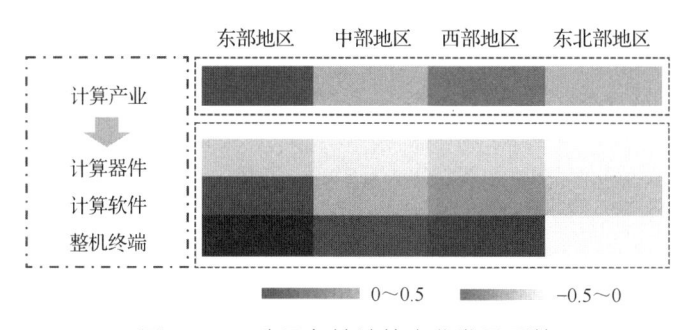

图15-1　我国各地计算产业发展质效

（内容来源：赛迪智库整理，2023年11月）

第三节 应用赋能子系统质效分析

从时间维度看，算力应用赋能质效呈现循序上扬走势。一方面，计算技术渗透度增强、非典型计算应用维度拓展成为算力应用新增量；另一方面，人工智能算力供给正成为先进算力赋能新引擎，双轮驱动算力赋能质效能级跃升。

从区域维度看，以长三角、粤港澳为代表的东部地区是算力应用赋能的先行区域，受益于高价值场景、先进计算能力效益转换、新型计算服务模式和共性技术演进迭代等因素驱动，发展质效领跑全国。中西部地区拥有多元的地缘性应用场景，追赶态势显现，东北地区正"鸣枪起跑"。

第四节 算力治理子系统质效分析

在"十四五"规划、"东数西算"工程的带动下，我国从宏观政策布局、节能"双碳"目标、技术方向指引、数字治理以及投资建设等角度全面引导算力治理，发展成效初现。从区域维度看，北京、广东、上海等在算力治理方面领航前行；浙江、安徽、天津等受相关性政策溢出效应释放影响，算力治理质效表现良好；湖南、山东、湖北、河南等加速多治理要素投入，治理成效潜力有望逐年显现（见图15-2）。

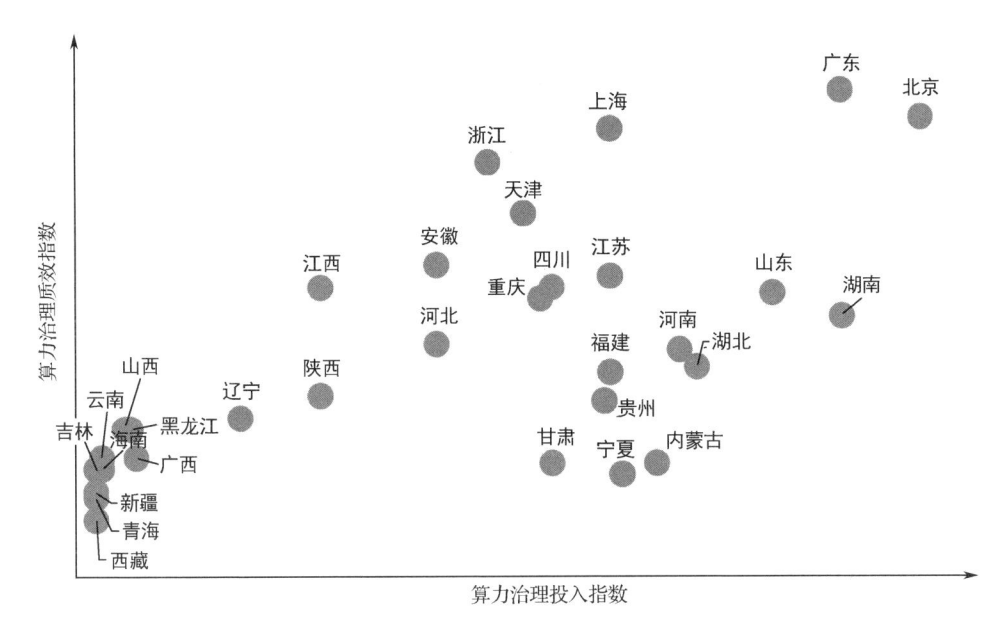

图 15-2　我国各地区的算力治理投入与质效情况

（内容来源：企业官网，赛迪智库整理，2023 年 11 月）

第八篇
展　望

CHAPTER 16

第十六章
新的计算技术应用
将颠覆产业生态

第一节　通用人工智能的加速迭代演进将引领未来世界变革

通用人工智能的崛起确实引领了新一轮的产业变革,并对经济社会生活产生了深远的影响。首先,从产业升级的角度来看,人工智能已经成为推动产业数字化、智能化的核心动力。在医疗、金融、教育、交通等多个领域,人工智能技术的应用都极大地提高了效率,优化了用户体验,并降低了成本。这种广泛的产业调整不仅正在改变全球的经济结构,更促进了科技企业的崛起,从而影响着整个世界的经济格局。然而,与此同时,人工智能的发展也带来了劳动力转移的问题。一方面,许多传统行业的岗位正在被自动化取代,这无疑会对就业市场产生冲击。但另一方面,人工智能技术的快速发展也催生了大量的新岗位,如数据分析、机器学习、深度学习等,为劳动力提供了新的就业机会。这种大规模的劳动力转移将重塑就业结构,为经济带来新的增长点。

此外,人工智能与实体经济的深度融合,为产业转型提供了强大的杠杆作用。无论是提升传统产业的竞争力,还是培育新的经济增长点,都需要人工智能、互联网、大数据等技术的支持。这些技术为传统产业提供了更广阔的应用场景,帮助它们实现更高效、更智能的生产和服务。然而,我们也必须看到,人工智能的发展也带来了安全风险。随着技术的不断进步,数据安全、网络安全等问题日益突出。掌握关键的人工智能技术对于国家整体安全具有重要意义。同时,人工智能还可能引发新的道德和伦理问题,如何规范其应用、避免技术失控成为行业关注的焦点。

通用人工智能的发展为经济社会带来了巨大的机遇,但同时也带来了挑战。我们需要充分认识这些挑战,并采取有效的措施来应对,以确保人工智能技术的健康、可持续发展。

第二节　量子计算将成为核心突破点

在互联网时代，随着数据的爆炸式增长，传统计算力应对海量数据的局限性日益凸显。算力与数据之间的鸿沟逐渐加大，这促使人们寻求超越现有计算范式的新技术。在这种背景下，谷歌等科技巨头对量子计算产生了浓厚兴趣，并纷纷进行战略布局。量子计算以其独特的纠缠特性和高维度编码空间，为解决传统计算难以攻克的难题提供了新的路径。无论是天气预报、股票价格预测还是癌症药物研发，量子计算都有望带来革命性的突破。此外，量子计算还具有民用和军用的双重价值。在民用领域，量子计算机可以助力建立量子通信网络和量子互联网，优化大数据处理，甚至指导送货车选择最优送货路线等，为国计民生问题提供高效解决方案，并创造巨大的经济价值。

在军用领域，量子计算机的研发同样具有重要意义。由于其强大的运算能力，量子计算机能够轻松破解传统密码，对国防安全构成严重威胁。因此，研究和应用量子计算机对于保障国家网络安全至关重要，其紧迫性不亚于二十世纪六七十年代的"两弹一星"研发。作为一种新兴技术，量子计算具有巨大的潜力和价值。随着技术的不断进步和应用场景的拓展，量子计算机有望在未来成为改变世界的重要力量。

CHAPTER
17

第十七章
算力有望成为公共
服务产品

第一节 算力交易市场化进程仍处于初级阶段

近年来,在"东数西算"工程的推动下,我国算力基础设施建设持续提速,东西部算力布局渐趋均衡。与此同时,算力资源的市场化仍处于初级阶段,多重难题仍需解决。**算力概念方面**,地方政府和市场对基础算力和专用算力仍存在概念混淆的情况,导致部分地区的建设方向和建设需求错位。**算力安全合规方面**,如何变被动防护为主动防护,实现全方位实时动态防护,发挥算力的安全可信作用成为一大课题。**算力标准化及定价方面**,由于标准化的算力衡量体系的缺失,部分算力中心尤其是人工智能计算中心仍存在价格的混乱和虚高现象。

第二节 算力调度将引导生产力流向,提升实体经济支撑能力

算力作为支撑数字经济蓬勃发展的重要生产力,其"价值释放"在于高效利用而非盲目建设。当前,算力对产业发展的支撑能力仍未得到充分体现,一是算力建设应用仍与产业算力需求不匹配,致使资源闲置和浪费。二是算力使用门槛较高,传统产业缺乏直接数字化转型能力,无法直接使用算力资源。三是在数字经济高速发展进程中,出现了一批以虚拟货币"挖矿"为代表的高算力消耗、低价值生产的泡沫型经济模式,资源浪费和技术作恶并存。政府监管部门如何利用好市场力量,做好算力基础设施规划建设和产业导入,监管和引导算力资源流向将成为未来的重要挑战。

第三节 算力监管亟待加强部署

构建由国家统筹调配的算力资源体制机制。统筹数据中心、算力中心等算力资源规划调配,依托现有资源,构建全国一体化算力资源调度机制。对

标美国计算储备战略部署,探索计算储备能力建设路径,发挥举国体制优势,强化应急计算能力保障。

研究制定统一的算力评估定价标准。凝聚学术界、产业界共识,围绕概念范畴、算力规模、计算精度、安全保障等指标打造一套统一的算力评估定价标准,推进算力市场规范化、专业化和标准化建设,促进算力产业转型升级和良性发展。

建立与重要监管对象联通的监测预警系统。做好政府和有效市场的动态平衡,优化监管规定和市场动向的及时匹配,做好监管干预的提前预案,在不干扰企业经营的前提下,依据算力流向和经营行为实时研判合规性。

第十八章
算力经济从底层规则角度对全球竞争带来深远影响

第一节　算力主权界定全球大国生产力竞争新格局

算力，作为当前全球技术竞争的核心，已经深入到国家安全、经济发展以及社会生产生活的方方面面。随着人工智能、物联网、云计算等前沿技术的飞速发展，算力成了推动全球生产力革新的关键因素。新技术的不断涌现，如人工智能，背后都离不开强大的算力支撑。而这些技术的应用，又反过来推动了生产力的极大提升，催生了新的商业模式和生产方式。例如，自动化生产线和智能制造的广泛应用，使生产效率和产品质量都得到了显著提升。更为重要的是，算力已经成为国家安全的重要组成部分。在信息时代，数据的安全和隐私保护都离不开强大的算力支撑。同时，算力资源的分配和利用效率也直接关系到国家的经济发展。因此，各国都在积极布局算力产业，以确保在全球竞争中占据有利地位。这种技术革新和产业升级，正在推动全球社会形成新的发展格局。算力经济，作为这一格局的重要组成部分，有望成为全球经济发展的新引擎，带动全球经济的快速增长。未来，随着技术的不断进步和应用场景的不断拓展，算力将在全球社会中发挥更加重要的作用。我们有理由相信，算力将继续引领全球技术革新和产业升级，为人类社会带来更加美好的未来。

第二节　计算技术创新深化全球新型工业化进程

计算技术的创新确实正在以前所未有的速度推动全球新型工业化进程，为工业界带来了变革和机遇。随着计算机技术和人工智能的深入发展，智能制造、VR/AR等新模式新业态崭露头角，引领着工业界迈向新的发展阶段。一方面，智能制造作为其中的佼佼者，通过集成互联网、物联网等先进技术，实现了设计、制造、销售、服务等各个环节的智能化管理。这不仅极大提升了生产效率，降低了成本，更确保了产品质量的稳定提升，从而有力推动了工业界的转型升级。同时，智能制造的应用还促进了资源的优化配置，减少了环境污染，为工业的可持续发展提供了坚实支撑。另一方面，VR/AR 技术的崛起也为工业设计、制造和销售等环节带来了革命性的变化。通过提供更为真实、直观的模拟和体验，VR/AR 技术不仅提高了产品设计和制造的精准度，还大幅减少了试制和试验的次数，从而有效降低了成本，提升了产品质量。然而，计算技术的快速发展也为工业界带来了新的挑战和机遇。面对变革，各国需要进一步加强在计算技术领域的合作，共同探索新型工业化模式的发展路径，以实现可持续、繁荣的经济发展。未来，随着计算技术的不断创新和突破，我们有理由相信，工业界将迎来更加广阔的发展空间和更加美好的发展前景。计算技术创新将继续在工业转型升级中发挥关键作用，为全球经济社会发展注入强大动力。

第三节　算力经济发展新模式重塑国家安全观

近年来，计算技术的突飞猛进对国家安全观产生了深远的影响，推动了从传统的主动干预方式向更加注重预防和预测的被动干预方式的转变。这一转变的核心在于计算技术为政府和机构提供了前所未有的情报获取、风险分析和预测能力。从信息安全的角度来看，随着信息系统的日益复杂，其脆弱性也相应增加，这直接提升了信息泄露和篡改的风险。为了应对这一挑战，我们需要更加先进的加密、认证、授权技术来确保信息的安全性、完整性和稳定性。同时，加强信息系统的管理和维护也是保障信息系统可靠性的关键。隐私安全同样不容忽视。在大数据时代，个人隐私的保护变得尤为重要。数据匿名化、隐私保护技术等手段在保护个人隐私方面发挥着重要作用。此外，提高公众的隐私保护意识和能力也至关重要，这需要我们加强隐私保护教育和宣传。国防安全是国家安全的重要组成部分。随着计算技术的发展，智能感知、自主控制等先进国防技术正在为提升装备的可靠性和安全性提供有力支持。这些技术的应用不仅有助于增强国家的军事实力，更能在很大程度上保障国家的整体安全。算力经济的快速发展正在推动国家安全观的转变和升级。面对这一趋势,我们需要积极应对挑战,利用先进的技术手段来保障国家的安全稳定发展。同时,加强国际合作,共同应对全球性的安全挑战,也是我们必须关注的重要议题。

第十九章
算力经济将秉承绿色发展理念，助力构建人类命运共同体

CHAPTER 19

第一节　坚定不移推动绿色发展，建设人与自然和谐共生的现代化产业体系

过去的十年里，中国在绿色发展上取得了令人瞩目的成就。然而，我们也应清醒地认识到，资源、生态、环境等领域仍面临着结构性、根源性、趋势性的压力，这些压力尚未得到根本性的缓解。实现经济社会发展的全面绿色转型，仍然是一项艰巨的任务。"人不负青山，青山定不负人"，这一深邃的理念昭示我们，只有尊重自然、顺应自然、保护自然，才能实现人与自然的和谐共生。算力经济的发展将为此提供强大的助力。通过推动降碳、减污、扩绿、增长，算力经济将助力我们实现生态优先、节约集约、绿色低碳的发展目标。这不仅是我们的追求，更是我们对未来的承诺——让绿色成为美丽中国最鲜明、最厚重、最牢靠的底色。我们期待，每一个中国人都能在绿水青山中感受到自然之美、生命之美、生活之美。同时，我们也愿意与国际社会一道，共同筑牢生态文明的基石，共同探索绿色发展的道路。让我们携手守护这个绿色的地球家园，共同构建一个更加清洁、美丽的世界。

在这一进程中，我们坚信，只有坚持绿色发展，才能实现经济社会的可持续发展。我们将坚定不移地推动绿色发展，努力建设一个人与自然和谐共生的现代化产业体系，为我们的子孙后代留下一个更加美好的家园。

第二节　加强绿色发展国际合作，推动构建人类命运共同体

中国，作为全球生态文明建设的重要参与者、贡献者和引领者，始终秉持多边主义原则，积极参与全球生态治理格局的塑造。在算力经济的助力下，我们以积极建设性的姿态参与全球气候谈判议程，推动构建一个公平合理、合作共赢的全球气候治理体系。我们与众多国家共同发起绿色发展伙伴关系

倡议，致力于推进绿色"一带一路"建设。通过依托计算技术的广泛合作应用，我们在资源节约、生态环境保护等领域开展多边务实合作，携手世界各国共同探索绿色发展之路。当前，绿色发展已成为世界潮流。面对如何协调发展与保护的关系、维持地球生态整体平衡、守护人类赖以生存的唯一家园等全球性挑战，我们需要新的思维、新的做法，更需要加强国际合作。中国将积极应对全球绿色发展面临的困难和挑战，克服各种不和谐因素的干扰。在大力推进自身绿色发展的同时，我们将继续在应对气候变化、生态环境保护等方面深化国际合作，与世界各国共同守护美丽地球家园。我们坚信，通过加强绿色发展国际合作，构建人类命运共同体，我们一定能够共同创造一个清洁、美丽、繁荣的世界。

第三节　向外输出行业智慧方案，创造绿色复苏重大机遇

随着全球工业化、城镇化的加速推进，资源紧张、环境恶化成为许多发展中国家共同面临的挑战。算力经济作为一种新型经济形态，将助力各国正确处理发展与保护、全局与局部、当前与长远之间的关系，构建科学、有序、绿色的国土空间和经济体系。通过整合产业结构调整、污染治理、生态保护、应对气候变化等多方面的努力，算力经济有望创造前所未有的生态和绿色发展奇迹。在这一进程中，计算技术正成为推动千行百业数字化转型的关键力量。通过分享中国的数字化转型升级经验，我们可以为其他国家，特别是广大发展中国家提供具体、可行的实践路径，从而提振全球绿色发展的信心。

当前，绿色发展已成为推动世界经济增长，特别是后疫情时代经济复苏的重要引擎。中国作为算力经济的重要推动者，正通过庞大的体量优势，为其他国家带来丰富的绿色投资和贸易机会，为全球经济发展注入新的活力。特别是中国将"碳达峰碳中和"上升为国家战略，计划实现碳排放强度降幅最大化，并在新能源、传统产业绿色转型等领域展现出巨大的合作潜力。我

们愿意通过绿色贸易、投资和技术转移,帮助发展中国家提升节能降碳、环境治理等方面的能力,实现经济增长与环境保护的双赢。通过分享智慧方案,我们期待与全球伙伴共同开辟绿色复苏的新道路,共同构建一个更加繁荣、更加可持续的未来。

后记

《算力经济：生产力重塑和产业竞争决胜局》一书由中国电子信息产业发展研究院编撰完成。在这本书中，我们探讨了算力经济的起源、发展、现状、趋势以及它对未来社会可能带来的影响。从最初的大型计算机到今天的先进计算，算力的演变不仅仅是技术的进步，更是经济模式和社会结构的深刻变革。我们见证了算力如何成为推动经济增长的新引擎，以及它在数据驱动的决策、人工智能等前沿领域中的关键作用。

参与本书课题研究、数据调研及文稿编撰的人员还有中国电子信息产业发展研究院的秦靓、许世琳、宋籽锌、张凯丞、陈渌萍。在研究和编写过程中，本书得到了国务院发展研究中心、中国工程院战略咨询中心等单位的行业专家的大力支持和指导。本书的出版还得到了中国电子信息产业发展研究院软科学处的大力支持，在此一并表示诚挚感谢。

期待本书能为读者了解算力经济提供有益参考。本书虽经过研究人员和专家的严谨思考和不懈努力，但出于能力所限，疏漏和不足之处在所难免，敬请广大读者和专家批评指正。